Lothar-Rüdiger Lütge

Auf der Suche nach Gott:
Eine spirituelle Autobiographie

Verlag:
BoD · Books on Demand GmbH,
Überseering 33, 22297 Hamburg,
bod@bod.de
Druck:
Libri Plureos GmbH, Friedensallee 273,
22763 Hamburg

ISBN: 978-3-8192-6483-2

„Wenn Menschen aufhören, an Gott zu glauben, glauben sie nicht an nichts, sondern an alles Mögliche."

(Gilbert Keith Chesterton, Schriftsteller und Journalist, 1874 – 1936)

Inhalt

Teil I – Die Suche beginnt

Teil II – Zäsur und Wendepunkt

Vorwort

Persönliche Motivation und Absicht des Buches

Dieses Buch ist aus einer langen Reise entstanden. Einer Reise, die mich über Jahrzehnte durch verschiedenste spirituelle Traditionen, Philosophien und Lebensentwürfe geführt hat – bis ich, auf oft überraschenden Wegen, dorthin zurückkehrte, wo alles begonnen hatte: zum christlichen Glauben meiner Kindheit. Doch es ist kein Rückweg im Sinne eines nostalgischen Wiederanknüpfens, sondern vielmehr die Vollendung eines Weges, auf dem sich vieles gelöst, gewandelt und geklärt hat.

Wer heute auf der Suche nach spiritueller Wahrheit ist, sieht sich einer Vielzahl von Wegen, Angeboten und Weltbildern gegenüber. Die Wahlmöglichkeiten scheinen unbegrenzt – und doch führt kaum einer dieser Wege zu einem festen Ziel. Vielmehr endet die Suche oft in Beliebigkeit, Konzepten ohne Fundament oder in einem spirituellen

Individualismus, der zwar „Freiheit" verheißt, aber keine tragfähige Wahrheit bietet.

Die zentrale These dieses Buches ist eine einfache – und zugleich revolutionäre:

Spirituelle Suche ohne die Anerkennung eines personalen, bewussten und transzendenten Gottes ist zum Scheitern verurteilt. Denn nur ein solcher Gott kann das ewige Bewusstsein, das Leben und die Individualität eines jeden Menschen begründen, tragen und bewahren. Ohne ihn bleibt jede Religion, jede Philosophie, jedes Weltbild fragmentarisch – bestenfalls poetisch, schlimmstenfalls trügerisch.

Dieses Buch soll kein Traktat sein und auch kein theologischer Diskurs, sondern ein ehrlicher und reflektierter Erfahrungsbericht. Ich schildere den Weg, den ich gegangen bin – in all seinen Stationen, in seinen Höhen und Irrwegen, in seiner Aufrichtigkeit und seinen oft schmerzhaften Einsichten. Und ich versuche, das, was ich erlebt, erkannt und erfahren habe, nicht nur biografisch zu erzählen, sondern es in seinen geistigen und spirituellen Zusammenhängen zu deuten und einzuordnen.

Ich weiß, dass viele Menschen ähnliche Fragen bewegen wie mich:

Wer bin ich wirklich? Was bleibt von mir, wenn alles Äußere vergeht? Gibt es eine Wahrheit, die trägt – nicht nur im Kopf, sondern im Herzen, in der Seele, im Leben?

Wenn Sie sich solche Fragen schon einmal gestellt haben, dann lade ich Sie herzlich ein, mich auf dieser Reise zu begleiten.

Hinweise zum Aufbau und zur Lesart

Das Buch ist in drei große Teile gegliedert. Jeder dieser Teile führt durch zentrale Etappen meines spirituellen Weges: die Suche, die Erkenntnis und die Rückkehr. Innerhalb dieser Teile folgen die Kapitel jeweils einem festen Aufbau:

Zunächst steht die biografische Schilderung – authentisch, persönlich, immer unverfälscht. Anschließend folgt eine Phase der Reflexion, in der ich das Erlebte in einen größeren Zusammenhang einordne: philosophisch, theologisch oder spirituell. Diese Reflexionsabschnitte sind zur besseren Kenntlichkeit stets kursiv gesetzt. Man kann sie mitlesen – oder zunächst überspringen und später zurückkehren. Das Buch ist bewusst so aufgebaut, dass es beides zulässt: das unmittelbare Erleben und die vertiefte Einordnung.

Während Teil I und III durch biografische Schilderungen und die reflektierende Abschnitte strukturiert sind, verzichtet Teil II bewusst auf separate Reflexionen und Resümees, da er sich ganz dem inneren Erkenntnisprozess widmet. In Teil III verschmelzen Reflexion und Resümee in manchen Kapiteln, um die zunehmende Einheit meiner Erfahrungen widerzuspiegeln. Am Ende mancher Kapitel folgt ein kurzes Resümee – eine Art Essenz oder gedanklicher Ankerpunkt, der helfen soll, das Gelesene zu fassen und weiterzudenken.

Dieses Buch ist keine Anleitung und kein Rezept. Es ist ein Angebot zum Mitdenken, zum Mitfühlen – und vielleicht auch zum Mitgehen. Wenn es dem einen oder anderen Leser ein Fenster öffnet, eine neue Perspektive schenkt oder eine alte Erinnerung wachruft, dann hat es seinen Zweck erfüllt.

Ich wünsche Ihnen beim Lesen Erkenntnis, Berührung und vielleicht – eine stille Freude.

Hinweis des Autors

Dieses Buch ist ein persönlicher Bericht über meine spirituelle Reise, meine Erfahrungen und die daraus resultierenden Erkenntnisse. Die Schilderungen und Reflexionen spiegeln ausschließlich meine subjektiven Eindrücke, Gedanken und Interpretationen wider. Sie erheben keinen Anspruch auf objektive Gültigkeit oder Allgemeingültigkeit.

Es ist mir ein besonderes Anliegen zu betonen, dass ich mit meinen Ausführungen niemanden – weder Personen, Organisationen, religiöse Gemeinschaften noch andere Gruppen – direkt oder indirekt abwerten, kritisieren oder negativ darstellen möchte. Wo ich auf Grenzen oder Herausforderungen in bestimmten Traditionen eingehe, tue ich dies allein aus der Perspektive meiner eigenen Suche und Entwicklung, ohne die Wertschätzung für die Vielfalt spiritueller Wege aus den Augen zu verlieren.

Mein Ziel ist es, einen ehrlichen Einblick in meinen Weg und meine Überzeugungen zu geben, die den Leser inspirieren, berühren

oder zum Nachdenken anregen mögen –
stets im Geist des Respekts und der Offenheit
gegenüber allen, die ihren eigenen Pfad zur
Wahrheit suchen.

Ich möchte ergänzen, dass mir retrospektive
Informationen über einige der beschriebenen Organisationen, Personen oder Praktiken, die diese möglicherweise in einem ne-
gativen Licht erscheinen lassen, zum Zeit-
punkt meiner Erlebnisse nicht vorlagen und
daher nicht Teil meiner authentischen Erfahrungen sind. In diesem Buch nehme ich zu
solchen Sachverhalten keine Stellung, ohne
jedoch etwaige zu verurteilende Vorgänge
gutzuheißen.

Teil I – Die Suche beginnt

Kapitel 1: Erste Berührung mit der spirituellen Suche

Es war in der zweiten Hälfte der 1970er Jahre, in einer norddeutschen Großstadt. Ich erinnere mich noch genau an den Moment: Ich war in der Hamburger Innenstadt unterwegs, in einer belebten Fußgängerzone, als mich ein junger Mann, etwa in meinem Alter, ansprach. „Wollen Sie etwas über sich selbst erfahren? Über Ihre Persönlichkeit? Über Ihr Leben?" fragte er.

Ich sagte Ja. Nicht, weil ich auf der Suche nach einer spirituellen Lehre war – davon hatte ich damals keine Vorstellung –, sondern weil ich mich selbst suchte. Ich war innerlich verunsichert, eine Trennung lag hinter mir, und ich wusste nicht recht, wie es weitergehen sollte.

Der junge Mann brachte mich in eines der alten, schönen Jugendstilhäuser in der Nähe. In der ersten Etage lagen helle, großzügige Räume – Schulungs- und Bürozimmer, freundlich und offen gestaltet. Dort hatte eine Organisation ihr Zentrum, die sich selbst als Kirche verstand und deren Gründer behauptete, die Struktur und die Gesetze des menschlichen Geistes entschlüsselt zu haben. Die Menschen dort wirkten freundlich, ruhig, zugewandt – und vor allem schienen sie sehr überzeugt von dem, was sie sagten.

Man erklärte mir, dass es möglich sei, ein glückliches, erfolgreiches Leben zu führen – und dass man mir den Weg dorthin zeigen könne. Ich müsse nur bereit sein, zu lernen.

Ich war bereit. Der erste Schritt war ein sogenannter Kommunikationskurs. Ich sollte lernen, wie man richtig spricht, wie man zuhört, wie man ein Gespräch führt, wie man sich und andere versteht. Ich nahm an mehreren dieser Kurse teil und lernte viel – mehr, als ich erwartet hatte. Kommunikation, so wurde mir klar, ist weit mehr als Reden. Sie ist ein Zusammenspiel aus Präsenz, Intention, Wahrnehmung und Resonanz. Ich war begeistert.

Ich begann zu lesen – vor allem die Schriften des Gründers, insbesondere das grundlegende Werk, das als zentrale Lehre der Bewegung galt. In diesem Buch war vom menschlichen Geist die Rede, von gespeicherten Verletzungen, sogenannten „Engrammen", die das Denken und Fühlen unbewusst steuern. Diese Engramme, so die Theorie, seien verantwortlich für das menschliche Leid – und müssten bewusst gemacht und aufgelöst werden. Erst dann, so hieß es, sei ein Mensch wirklich frei.

Ich absolvierte auch sogenannte „Auditing"-Sitzungen. Dabei kam ein Gerät zum Einsatz, das den Hautwiderstand misst – eine Art „mentaler Spiegel", der anzeigen sollte, ob ein Thema emotional aufgeladen war. Die Sitzungen hatten etwas von Therapie – allerdings mit dem Ziel, das eigene Bewusstsein von Altlasten zu befreien. Die Gespräche waren intensiv, herausfordernd – und durchaus wirksam.

Doch mit der Zeit wurde mir klar, dass die Organisation hohe Anforderungen stellte. Die Fortgeschrittenenprogramme waren nicht nur zeitaufwändig, sondern auch, für meine Verhältnisse, sehr teuer. Zudem lernte ich mehr über das Selbstverständnis der Gemeinschaft. Ich empfand es als elitär. Wer sich den Methoden unterwarf und die Programme absolvierte, galt als „geklärt", wer draußen blieb, als „verstrickt" oder „fehlgeleitet". Dieses Schwarz-Weiß-Denken störte mich und stieß mich zunehmend ab. Ich nahm Irritationen bei mir wahr – nicht nur wegen der Kosten, sondern auch wegen der Haltung gegenüber Andersdenkenden.

Trotzdem boten sich mir in den Kursen und Büchern immer wieder neue und tiefe Erkenntnisse und so blieb ich eine Weile. Ich überlegte zeitweise sogar, selbst Mitarbeiter zu werden – um besser integriert zu sein und Kosten bei den Kursen zu sparen. Doch dann folgten Gespräche mit höheren Mitgliedern der Organisation – und diese Gespräche veränderten alles. Ich empfand eine abschätzige, herablassende Haltung gegenüber anderen spirituellen Bewegungen, gegenüber jeder Form von alternativer Suche. Aus meiner Sicht ging es nicht mehr um Erkenntnis, sondern um Abgrenzung.

Irgendwann hatte ich davon genug. Von einem Tag auf den anderen brach ich den Kontakt ab. Niemand versuchte mich aufzuhalten oder zurückzuholen. Vielleicht passte ich einfach nicht ins Raster.

Rückblickend war diese Zeit eine tiefgreifende Zäsur. Ich hatte bei der Organisation sehr viel gelernt. Ich wusste jetzt, dass es eine geistige Wirklichkeit gibt – und dass man sie erforschen kann. Ich war mit einem völlig neuen Vokabular, mit ungewohnten Denkweisen und mit einer Vorstellung von seelischer und persönlicher Entwicklung konfrontiert worden, die ich bis dahin nicht kannte.

Und ich wusste, auch wenn dieser spezielle Weg hier endete – ich hatte einen Faden in die Hand bekommen. Einen dünnen, aber spürbaren Faden, der irgendwohin führen würde. Und ich hatte den Entschluss gefasst, diesen Faden nicht mehr loszulassen.

Reflexion:

Die Psychologisierung und Technisierung der Spiritualität

Die erste Berührung mit spirituellen Ideen in der Moderne führt oft nicht in den Bereich des religiösen, sondern in den Bereich der Psychologie. So war es auch bei mir. Die Techniken, mit denen hier gearbeitet wurde, waren nicht transzendent, sondern funktional. Sie versprachen innere Reinigung, Klarheit, Heilung – durch systematische Verfahren, durch Training, durch Wiederholung.

In einer solchen Welt ist der Mensch ein „System", das man debuggen, reinigen, optimieren kann – ähnlich einem Computer. Die Seele wird zum Mechanismus. Die Transzendenz weicht dem Prozess. Es gibt keine Gnade, keine göttliche Intervention – nur Methoden.

Das ist die große Versuchung der spirituellen Moderne: das Heil aus der Technik. Doch echte Spiritualität ist nicht technisch. Sie beginnt dort, wo der Mensch seine Bedürftigkeit erkennt. Wo er nicht sich selbst verbessern will, sondern Gott begegnen will. Wo nicht Kontrolle das Ziel ist, sondern Hingabe.

Der erste Schritt zur Wahrheit ist nicht die Optimierung des Ich, sondern seine Öffnung.

Resümee:

Die Organisation, mit der ich in dieser Zeit zu tun hatte, war nicht mein Ziel – aber sie war mein Ausgangspunkt. Ich lernte viel. Nicht nur über Kommunikation und Selbsterkenntnis, sondern über die Gefahren einer geistigen Welt ohne Demut.

Ich war nicht enttäuscht. Ich war dankbar. Denn ich hatte etwas Entscheidendes begriffen: Wer sich auf den Weg macht, wird nicht sofort die Wahrheit finden – aber er wird finden, was ihn weiterführt. Und für mich war dieser Faden, den ich nun in der Hand hielt, der Beginn einer langen, inneren Reise.

Kapitel 2: Aufbruch in die Weite – Erste Horizonte jenseits des Bekannten

Es war in jener Zeit, als meine Erfahrungen mit der Organisation im Zentrum der Stadt noch frisch waren, dass mir ein Mitarbeiter dort ein Buch empfahl. Der Titel: „Illusionen" von Richard Bach. Das Buch hatte zwar nichts mit der Organisation selbst zu tun, aber es traf mich tief. Es war wie ein Blick durch ein Fenster in eine andere Welt – eine Welt voller geistiger Möglichkeiten, voller Weite, voller Freiheit. Ich war fasziniert. Dieses Buch sprach von einer Dimension jenseits des Alltags, jenseits des Sichtbaren. Es ließ ahnen, dass die Realität, die wir zu kennen glauben, nur eine von vielen ist – und dass es in unserer Hand liegt, den Horizont zu erweitern.

Richard Bach war bereits durch sein Buch „Die Möwe Jonathan" bekannt geworden – ein Werk, das ich erst später las. Aber Illusionen war der eigentliche Auslöser. Es öffnete in mir eine Tür zu einer neuen Welt. Ich begann zu begreifen, dass es da eine Seite des Lebens gibt, mit der ich mich bisher kaum beschäftigt hatte – die Welt der Seele, des

Geistes, der Idee. Und ich spürte, dass es eine Verbindung gab zwischen dieser neuen Dimension und der Religion. Eine Verbindung, die ich noch nicht verstand, die aber tief in mir zu schwingen begann.

Ich erinnerte mich in dieser Phase an ein Buch, das ich als Jugendlicher gelesen hatte: „Alles ist erreichbar" von Raymond Hull. Kein spirituelles Werk im engeren Sinne, aber doch voller Anregungen zur inneren Disziplin und Selbstentwicklung. Damals hatte ich einige der darin beschriebenen Techniken ausprobiert. Es war mein erster, wenn auch zaghaft-unbewusster Kontakt mit dem Thema „geistige Entwicklung".

Und dann lernte ich jemanden kennen, der mein Denken weiter veränderte. Es war ein junger Mann, den ich in einem Hotel an der Hamburger Außenalster traf. Er war gerade von einer Indienreise zurückgekehrt – seiner dritten, wie sich herausstellte. Die erste hatte ihn im VW Käfer auf dem Landweg über den Balkan, die Türkei, den Iran, Afghanistan und Pakistan bis nach Indien geführt. Jetzt war er mit Freunden im VW-Bus erneut dorthin gefahren – geblieben war er ein paar Monate.

Was mich an seinen Erzählungen am meisten faszinierte, war nicht das Abenteuer, sondern seine Begeisterung für die Religionen und Philosophien des Ostens. Er sprach von Hinduismus, Buddhismus, von Vedanta, von Swami Vivekananda und dessen Lehrer, Sri Ramakrishna. Für mich war das Neuland – aber ich spürte sofort, dass sich hier ein weiterer Teil jenes dünnen Fadens offenbarte, den ich vor ein paar Monaten zum ersten Mal ergriffen hatte.

Wir führten stundenlange Gespräche. Er erzählte von Indien – ich erzählte von meinen Erlebnissen bei der Organisation und von Richard Bach. Eine Freundschaft entstand. Kurze Zeit später zog ich in zwei freie Zimmer seiner Wohngemeinschaft ein – eine riesige, alte Jugendstilwohnung in bester Hamburger Lage. Er studierte damals Biologie, später Medizin, und hatte die Wohnung zu einem Zentrum für drei, vier Mitbewohner und Gleichgesinnte gemacht.

Unsere WG war mehr als eine Zweckgemeinschaft. Es war ein geistiger Raum, ein Mikrokosmos. Wir lasen gemeinsam, diskutierten bis in die Nacht, hörten Musik, veranstalteten Lesekreise, luden Freunde ein. Es war eine Atmosphäre der Offenheit, der Neugier, des geistigen Aufbruchs. Ständig gingen Menschen ein und aus. Unsere Feste waren legendär – ebenso wie unsere nächtelangen Gespräche über Gott und die Welt.

Natürlich gehörten zur Stimmung dieser Jahre auch „bewusstseinserweiternde Substanzen", wie man damals sagte. Aber sie standen nie im Zentrum. Viel mehr prägte uns die Musik jener Zeit, die Meditation, die Räucherstäbchen, das Gefühl, Teil von etwas Größerem zu sein. Spiritualität, Kunst, Musik, Philosophie – alles vermischte sich.

Wir glaubten – und ich ganz besonders –, dass ein neues Zeitalter bevorstand. Das „Wassermann-Zeitalter", war damals die Bezeichnung dafür. Eine Ära des Friedens, der kollektiven Erleuchtung, einer spirituellen Renaissance. Und wir glaubten, dass wir durch unser Leben, unser Forschen, unser

Suchen dazu beitrugen, dieses neue Zeitalter mit einzuleiten.

Buchhandlungen wie „Wrage", nahe der Hamburger Uni, waren damals unsere geistigen Tempel. Es gab kein Internet, keine Computer, keine Videoportale. Wissen musste gesucht, gefunden, erworben werden. Die „esoterischen Buchhandlungen" waren voll von Schätzen: Werke über Reinkarnation, Astrologie, Yoga, Theosophie, Anthroposophie, Gnostik, über Rudolf Steiner, Blavatzky, Anni Besant, Heinrich Zimmer, Erich Fromm – und viele mehr.

Ich las alles, was mir lohnend erschien. Praktizierte Meditation, versuchte mich an magischen Übungen, las die Yoga-Sutras von Patanjali, das Kybalion, und viele andere Schriften. Ich war überzeugt, dass sich in all dem ein verborgenes Muster zeigte – ein Knäul der Wahrheit, das sich mir langsam erschloss.

Ich folgte dem Faden. Immer weiter.

Reflexion:

Aufbruch, Sehnsucht, kollektive Hoffnung –
und der verborgene Ruf der Transzendenz

Es war eine Zeit des Erwachens. Nicht nur für
mich, sondern für viele. Die 1970er und frü-
hen 1980er Jahre waren getragen von einer
merkwürdigen Mischung aus Sinnsuche, Sys-
temkritik und spiritueller Hoffnung. Man
wollte nicht nur anders leben – man wollte
tiefer leben.

Was mich damals so sehr bewegte, war nicht
ein bestimmtes System oder eine Lehre, son-
dern die Ahnung: Es gibt mehr. Etwas ruft
uns. Etwas liegt verborgen hinter den Schlei-
ern des Alltags. Diese Ahnung war es, die
mich trug.

Und so ging es vielen in jenen Jahren. Man
glaubte an Transformation – individuell und
kollektiv. Man glaubte an einen „Aufstieg des
Bewusstseins". Viele dieser Vorstellungen
waren romantisch, einige naiv – aber sie wa-
ren aufrichtig. Es war der Ernst einer jungen
Generation, die nicht mehr nur an äußeren

Fortschritt glaubte, sondern auch an inneres Wachstum.

Und trotz aller Irrwege und Verirrungen: Diese Bewegung hat Spuren hinterlassen. In mir – und in unserer Kultur.

Resümee:

Diese Jahre des Aufbruchs waren für mich entscheidend. Sie legten den Grundstein für alles Weitere. Es war der Beginn einer ernsthaften, umfassenden Suche – getragen von einer tiefen Sehnsucht nach Wahrheit, nach Sinn, nach Gott.

Damals wusste ich nicht, wohin mich der Weg führen würde. Aber ich wusste, dass ich ihn gehen musste. Und ich wusste: Der dünne Faden, den ich bei der Organisation aufgenommen hatte, war kein Zufall. Er war ein Zeichen.

Ich hatte begonnen, ihm zu folgen. Und ich würde nicht mehr aufhören.

Kapitel 3: Kundalini-Yoga und die Sehnsucht nach dem Erwachen

Es war ein Sommer der Offenheit und der Entdeckungen. Gemeinsam mit Freunden – zu dritt oder zu viert – unternahmen wir eine Reise nach Südfrankreich, in die Pyrenäen, nahe der Grenze zu Spanien. Unser Ziel war ein kleines Dorf in den Bergen oberhalb von Barcelona. Wir fuhren die ganze Strecke im VW Käfer, ohne Zwischenstopp – jung, neugierig und voller Lebenshunger.

Das Anwesen, auf dem wir wohnten, gehörte den Eltern eines Freundes. Es lag inmitten unberührter Natur, weit entfernt von der Welt der Städte. Es war ein Ort des Rückzugs, der Klarheit, der Gespräche. Wir diskutierten, philosophierten, malten großformatige Mandalas – eines davon habe ich bis heute. Diese Tage waren erfüllt von Leichtigkeit, Tiefe und dem Gefühl, dass sich das Leben gerade in eine neue Richtung öffnet.

Auf dem Rückweg machten wir Station beim Kundalini-Yoga-Festival in Loches, südlich von Tours. Wir hatten zuvor davon gehört –

vor allem über meinen Mitbewohner, der inzwischen unter der Woche in Berlin studierte. Dort hatte er Kontakt zu einem Kundalini-Yoga-Lehrer bekommen, der an der Universität unterrichtete. Über ihn erfuhren wir, dass es auch in Hamburg einen Ashram gab. Wir suchten ihn auf – und was wir dort fanden, zog mich unmittelbar in seinen Bann.

Ich begann regelmäßig an den dort angebotenen Yogaklassen teilzunehmen – zwei Mal pro Woche. Die Übungen waren intensiv, kraftvoll, vollkommen anders als alles, was ich bisher im Yoga-Bereich kannte. Während der klassische Hatha-Yoga vor allem auf statische Haltungen setzt, war das Kundalini-Yoga von Anfang an dynamisch, rhythmisch, energetisch. Es fühlte sich an wie eine Art geistiger Befreiung durch den Körper.

Hinter dieser besonderen Form des Yoga stand Yogi Bhajan, ein charismatischer Lehrer aus Indien, der seit Ende der 1960er Jahre in Kalifornien lebte und wirkte. Seine Lehre verband traditionelle Yoga-Praxis mit der Philosophie der Sikh-Religion und richtete sich an den modernen westlichen Menschen. In der gesamten westlichen Welt entstanden Ashrams, Gruppen und Zentren, die seiner Linie folgten.

Einmal im Jahr kam Yogi Bhajan nach Europa – unter anderem, um das große Festival in Frankreich zu leiten. Zentrum des Festivals war das sogenannte „Weiße Tantra" – eine spezielle Form der Übung, die darauf abzielt, die Kundalini-Energie zu wecken und sie durch alle Chakren bis zum Scheitelpunkt des Kopfes, dem Kronenchakra, zu führen. Gelingt dieser Prozess, so heißt es, erfährt der Mensch Erleuchtung – ein Zustand völliger Klarheit, Freiheit und spirituellen Erwachens.

Das Festival war beeindruckend. Auf einem weitläufigen Schlossgelände lebten wir in Zelten, praktizierten täglich Yoga, hörten Vorträge, nahmen an Meditationen und Begegnungen teil. Menschen aus ganz Europa und darüber hinaus kamen hier zusammen – in der Hoffnung, ein Stück näher an die Wahrheit heranzukommen.

Inmitten dieser besonderen Atmosphäre begegnete ich einem Mann, der sich Brahm Atma Singh nannte – sein spiritueller Name, den er als Schüler Yogi Bhajans erhalten hatte. Bürgerlich hieß er Detlef Alke. Er war ein starker, ruhiger Mann, von beeindruckender Präsenz. Man spürte, dass er einen Weg gegangen war. Er lebte als Aussteiger auf einem abgeschiedenen Bauernhof in den Pyrenäen, zusammen mit seiner Familie, und unterrichtete Yoga, wenn er nicht gerade auf dem Festival Seminare gab.

Seine Art zu sprechen, seine Ruhe, seine Gelassenheit – all das faszinierte mich. Wochen später, zurück in Hamburg, erinnerte ich mich an ihn. Ich schrieb ihm einen langen Brief – und er antwortete. Es entwickelte sich ein intensiver, monatelanger Briefwechsel, in dem ich Fragen stellte und er mir seitenlange Antworten schickte. Wir schrieben über alles, was uns bewegte: über Yoga, Spiritualität, Philosophie, über östliche Weisheiten, westliche Irrtümer und die großen Fragen des Lebens.

Dieser Briefwechsel wurde für mich zu einer Schule des Denkens und Fühlens. Brahm Atma Singh war kein Dogmatiker, aber ein ernsthafter Sucher – und Lehrer. Ich erhielt durch ihn viele Hinweise auf Bücher, Kurse, Themen und Personen, die ich in der Folge eigenständig weiterverfolgte.

Ohne es zu wissen, hatte ich in ihm einen Wegweiser gefunden – und der nächste große Schritt auf meiner Reise stand unmittelbar bevor.

Reflexion:

Wenn das Suchen konkret wird – der Körper als Tor zum Geist

Die Erfahrung des Kundalini-Yoga war für mich mehr als eine neue körperliche Praxis. Sie war eine Begegnung mit der inneren Energie – mit dem Bewusstsein, das im Körper ruht. In einer Welt, die Geist und Körper getrennt hat, war das eine Revolution.

Was mich damals so berührte, war die Ernsthaftigkeit, mit der hier praktiziert wurde. Es war keine Wellness-Erfahrung, keine Gymnastik in exotischem Gewand – es war Arbeit an sich selbst. Im Zentrum stand nicht der Körper, sondern das Erwachen.

Und zum ersten Mal begegnete ich Menschen, die ihr Leben radikal auf diese geistige Praxis ausgerichtet hatten. Menschen wie Brahm Atma Singh. Sie lebten nicht in der Theorie – sie lebten, was sie lehrten. Und das beeindruckte mich tief.

Rückblickend war diese Zeit für mich der Übergang vom bloßen Interesse an Spiritualität zu einer echten, gelebten spirituellen Praxis. Ich begann, meinen Alltag zu verändern. Meine Prioritäten verschoben sich. Ich begann, bewusster zu leben – und tiefer zu fragen.

Resümee:

Das Yoga-Festival von Loches, die Bekanntschaft mit Brahm Atma Singh, der intensive Briefwechsel, die wachsende Praxis – all das war mehr als eine Phase. Es war ein Eintritt in eine neue Lebenshaltung. Ich war kein

*Zuschauer mehr, kein Theoretiker. Ich be-
gann, den Weg selbst zu gehen.*

*Die Fragen, die ich stellte, wurden tiefer. Die
Themen, die mich bewegten, umfassender.
Ich begann, das Leben als geistige Reise zu
verstehen – als einen Weg, auf dem alles mit-
einander verbunden ist: der Körper, der
Atem, das Denken, das Fühlen. Und der tiefe
Wunsch, das Unsichtbare zu berühren.*

*Der Faden, den ich bei der Organisation im
Zentrum der Stadt zum ersten Mal in den
Händen hielt, spannte sich weiter. Und er
führte mich – Schritt für Schritt – auf einen
Pfad, der mich durch viele Welten führen
sollte.*

Kapitel 4: Carlos Castaneda – Aufbruch in die Welt des magischen Denkens

Nach dem Sommerfestival und dem intensiven Briefwechsel mit Brahm Atma Singh reifte in mir der Entschluss, ihn auf seinem Hof in den Pyrenäen zu besuchen. Ich packte einen kleinen Koffer, setzte mich in den Zug und fuhr in den Süden Frankreichs. An einem abgelegenen kleinen Bahnhof stieg ich aus, ging ein Stück zu Fuß und wurde den Rest der Strecke per Anhalter mitgenommen – bis hinein in eine völlig abgeschiedene, fast surreale Landschaft.

Ich hatte mich nicht angekündigt. Umso größer war die Überraschung – und umso herzlicher der Empfang. Zwei Wochen blieb ich auf dem Hof. Es war eine völlig andere Welt: ein einfaches Leben als Selbstversorger, ein Leben jenseits der Konventionen – inmitten der Natur, getragen von Stille, Arbeit, Gesprächen und geistigem Austausch.

Brahm Atma Singh hatte viel zu erzählen. Über Tantra, über Magie, über Esoterik, Gnosis, abendländische und östliche Traditionen.

Besonders aber sprach er von einem Mann, der mich in der Folgezeit zutiefst beschäftigen sollte: Carlos Castaneda.

Castaneda war ein amerikanischer Anthropologe, der an der Universität von Kalifornien studiert hatte. Er war durch seine Feldforschungen im nordmexikanischen Raum auf einen Yaqui-Indianer namens Don Juan Matus gestoßen, der ihn in eine ihm völlig fremde, spirituell-magische Welt einführte. Castaneda veröffentlichte diese Begegnungen in einer Reihe von Büchern, in denen er seine Erlebnisse mit Don Juan schilderte – Erlebnisse, die zwischen den Welten stattfanden.

Was mich so faszinierte, war nicht nur der Inhalt dieser Begegnungen, sondern die Ernsthaftigkeit, mit der sie geschildert wurden. Castaneda bestand darauf: Was er schrieb, waren keine Fantasien, keine Romane – sondern authentische Erlebnisse während seiner Forschung. Er berichtete von einer parallelen Wirklichkeit, einer „zweiten Aufmerksamkeit", die nur durch spezielle Bewusstseinszustände und disziplinierte Schulung zugänglich war. Don Juan sprach von einem Weg des Wissens, der den Krieger in die Lage versetzen sollte, bewusst durch verschiedene Ebenen der Realität zu reisen.

Zurück in Hamburg begann ich, Castanedas Bücher zu lesen – und ich war elektrisiert. Über Monate, ja Jahre hinweg las ich nicht nur alle seine Werke, sondern auch alles, was an Sekundärliteratur verfügbar war. Universitäre Arbeiten, Artikel, Bücher von Anhängern und Kritikern. Es war damals noch nicht viel, aber genug, um eine tiefere Auseinandersetzung zu ermöglichen.

Ich erkannte schnell: Castaneda hatte seine Erlebnisse in einer stark literarisch geprägten Form dargestellt. Es fehlte eine systematische Darstellung der Lehre Don Juans. Und so begann ich selbst mit der Arbeit. Ich analysierte seine Bücher, ordnete Begriffe, Konzepte, Stufen, Übungen – und entwickelte daraus eine nachvollziehbare, gegliederte Lehre. Über viele Monate hinweg entstand so ein eigenes Manuskript, das die Lehre Don Juans in strukturierter Form zusammenfasste.

Ich ließ einige Exemplare meines Textes im Copyshop binden und verteilte sie an Freunde – die Resonanz war überwältigend. Viele waren begeistert und drängten mich, meine Arbeit professionell zu veröffentlichen. Ich zögerte zunächst, doch schließlich entschloss ich mich, mich an den Fischer Verlag in Frankfurt zu wenden – jenen Verlag, bei dem auch Castanedas deutschsprachige Werke erschienen waren.

Die Antwort kam schnell. Der zuständige Lektor schrieb mir, er halte meine Arbeit für sehr gelungen und wolle mich persönlich treffen. Ich fuhr nach Frankfurt, und wir führten ein intensives Gespräch. Er gab mir Hinweise zur Überarbeitung meiner Texte, erklärte mir, wie ich das Manuskript für eine mögliche Veröffentlichung anpassen sollte. Und ich machte mich an die Arbeit – wohlgemerkt: ohne Computer, nur mit Zetteln an den Wänden, Karteikarten und einer elektrischen Schreibmaschine.

Dann kam der Rückschlag. Der Lektor rief mich an und teilte mir mit, dass der Verlag – trotz seiner ausdrücklichen Empfehlung – die

Veröffentlichung ablehnen würde. Der Grund: Mein Buch ging davon aus, dass Castanedas Erlebnisse echt waren. Der Verlag wollte jedoch nicht in diese Richtung Stellung beziehen. Eine Veröffentlichung meines Textes hätte als implizite Bestätigung der Echtheit von Castanedas Berichten gewertet werden können – und das wollte man vermeiden.

Doch der Lektor ließ mich nicht im Stich. Er empfahl mir, mich an den Hermann Bauer Verlag in Freiburg zu wenden – einen renommierten Verlag für spirituelle Literatur. Ich folgte dem Rat – und tatsächlich: Der Bauer Verlag war interessiert. Einige Monate später wurde mein Buch unter dem Titel „Carlos Castaneda und die Lehren des Don Juan" veröffentlicht – präsentiert auf der Frankfurter Buchmesse, in meinem Beisein.

Es war meine erste Buchveröffentlichung. Und dieses Buch ist – seit mehr als vier Jahrzehnten – bis heute im Handel erhältlich. Es wird weiterhin gelesen, gekauft, diskutiert. Und für mich war es der Beweis, dass der

Weg, dem ich folgte, kein Irrweg war. Sondern der Anfang von etwas Größerem.

Reflexion:

Castaneda und der Hunger nach einer anderen Wirklichkeit

Die Faszination, die von Castaneda ausging, hatte viele Gründe. Da war zum einen die sprachliche Kraft seiner Bücher. Aber tiefer noch wirkte das Versprechen, dass es jenseits unserer konditionierten Welt eine andere Wirklichkeit gibt – konkret, erlebbar, strukturiert.

Was Castaneda beschreibt, ist nicht bloße Fantasie, sondern ein geistiges System, das an archaische Traditionen, schamanische Wege und mystische Disziplinen erinnert. Es ist ein Wissen, das nicht auf bloßer Theorie beruht, sondern auf Erfahrung. Und genau das traf den Nerv unserer Zeit – und meinen.

Rückblickend war meine intensive Beschäftigung mit Castaneda Ausdruck einer tiefen Sehnsucht: die Welt nicht nur zu deuten,

*sondern sie zu durchdringen. Nicht mehr nur
Bücher zu lesen, sondern Wirklichkeit zu erfahren – in einer Tiefe, die sich dem Alltags-
bewusstsein entzieht.*

*War Castaneda ein Scharlatan? Ein Literat?
Ein Mystiker? Für mich war er – unabhängig
von der Debatte um Wahrheit oder Fiktion –
ein Türöffner. Er zeigte mir, dass es mehr gibt.
Und dass es Wege gibt, dieses Mehr zu erkunden.*

Resümee:

*Die Reise zu Brahm Atma Singh, die Lektüre
von Castaneda, das eigene Buchprojekt – all
das war mehr als bloße Aneinanderreihung
von Ereignissen. Es war ein Prozess der Initi-
ation. Ich betrat eine Welt, in der die Gesetze
des Rationalismus nicht mehr galten. Eine
Welt, in der das Unsichtbare genauso real
war wie das Sichtbare.*

*Ich lernte, dass es inmitten der modernen
Welt noch immer Menschen und Lehren gibt,
die das Unsichtbare ernst nehmen – und dass
es möglich ist, sich auf eine geistige Reise zu*

begeben, die weit über die Grenzen der her-
kömmlichen Erfahrung hinausführt.

Und ich begann zu begreifen, dass all diese
Strömungen – Esoterik, Yoga, Castaneda –
nicht Selbstzweck waren. Sondern Hinweise.
Fragmente. Fäden.

Fäden, die zu einem Knäuel führten, das ich
mit aller Kraft zu entwirren suchte: dem
Knäuel der Wahrheit.

Kapitel 5: Rückkehr in frühere Leben – Die Begegnung mit Thorwald Detlefsen und Petra Angelika Peick

In Hamburg ging mein Leben weiter wie bisher. Ich wohnte immer noch in der großen Wohngemeinschaft aus Studenten, Künstlern, Weltreisenden. Die Atmosphäre war geprägt von Bewegung, Offenheit und Austausch. Immer wieder kamen neue Gäste – Menschen aus Kanada, Mexiko, Guatemala, aus allen Teilen Europas. Manche blieben ein paar Tage, andere einige Wochen oder Monate. Alles war improvisiert, oft auch eng, mehrere Personen in einem Zimmer – aber das störte uns kaum. Die Aufbruchsstimmung, die Suche nach Wahrheit und ein neues Miteinander standen im Vordergrund.

Wir hatten viel gelesen, diskutiert, Kurse besucht, Lehrer kennengelernt. Unsere Gespräche wurden tiefer, differenzierter – die Qualität der Suche wuchs. Ich selbst hielt noch immer an jenem „dünnen Faden" fest, den ich bei meiner ersten Begegnung mit der Spiritualität aufgenommen hatte. Doch so viel ich auch gesehen, erfahren und gelernt hatte

– ich fühlte mich dem Kern der Wahrheit noch immer fern.

In dieser Phase begegnete ich einem Mann, der mich tief beeindruckte: Thorwald Detlefsen. Ein Münchner Psychologe, der Bücher über Reinkarnation und karmische Psychologie geschrieben hatte – von beeindruckender Klarheit und intellektueller Brillanz. Seine Texte waren leuchtend, logisch, präzise. Ich war begeistert. Hier schien jemand zu sprechen, der die Gesetze des Daseins verstand – und sie verständlich weitergeben konnte.

Detlefsen war durch seine therapeutische Arbeit eher zufällig auf das Thema Reinkarnation gestoßen. In der Rückführung von Patienten in frühere Lebensphasen gerieten manche plötzlich in Erlebnisse, die nicht nur vorgeburtlich, sondern eindeutig vor dem jetzigen Leben lagen. Er hörte zu, beobachtete, forschte – und entwickelte daraus eine Methode zur bewussten Rückführung in frühere Inkarnationen.

Das Besondere an seiner Arbeit: Alles geschah im wachen Bewusstsein. Die Klienten lagen zwar in tiefer Entspannung, aber sie waren jederzeit ansprechbar, präsent, voll bewusst. Die Erlebnisse fanden auf einer inneren Bühne statt, mit starker emotionaler Beteiligung – aber ohne Trance, ohne Kontrollverlust. Und sie hatten Wirkung. Tiefe, nachhaltige Wirkung.

Als ich erfuhr, dass Detlefsen einen Vortrag in Hamburg halten würde – im St. Pauli Theater –, war für mich klar: Ich musste dorthin. Der Abend wurde ein Ereignis. Zwei Stunden stand er ganz allein auf der großen Bühne – ohne Manuskript, ohne Requisiten – und fesselte das Publikum mit seiner Sprache, seiner Klarheit, seiner Ausstrahlung. Ich war wie elektrisiert. Für mich stand fest: Diese Erfahrung einer Rückführung will ich selbst machen.

Ein kurzes Gespräch, das ich in der Pause mit ihm führen konnte, bestätigte meinen Entschluss. Doch es gab ein Problem: Detlefsens Praxis war in München, weit entfernt – und auf Monate ausgebucht. Die Therapie war zudem teuer: 3.000 DM für 20 Sitzungen innerhalb von vier Wochen. Kaum finanzierbar.

Dann die Wende: In Gesprächen mit Freunden nach dem Vortrag erfuhr ich, dass eine Schülerin Detlefsens – eine Hamburger Diplom-Psychologin – die Methode direkt bei ihm gelernt hatte. Ihr Name: Petra Angelika Peick.

Ich suchte sie auf – und war überrascht: Ihre Praxis befand sich ganz in der Nähe meiner Wohngemeinschaft. Beim ersten Treffen führte sie mit mir ein psychologisches Gespräch sowie eine astrologische Beratung anhand meines Geburtshoroskops. Bereits dieses erste Kennenlernen war tief aufschlussreich. Ich erkannte: Diese Frau war besonders. Sie hatte eine große Präsenz, Klarheit, Wärme – eine andere Energie als Detlefsen, aber ebenso stark.

Auch bei ihr war die Rückführung teuer – dieselben Bedingungen wie bei Detlefsen in München. Doch mein Entschluss stand fest. Ich nahm einen zusätzlichen Job an, sparte einige Monate – und meldete mich schließlich zur Reinkarnationstherapie an.

Im Herbst war es dann soweit: Ich begann meine Reinkarnationsrückführung bei Petra Angelika Peick. Vier Wochen lang, jeden Werktag eine Sitzung von etwa anderthalb Stunden. Es war ein Prozess des Loslassens, des Sinkens, des inneren Reisens.

Die Therapeutin begleitete mich mit ihrer Stimme – sie war der Faden zur Gegenwart. Alles andere: löste sich. Ich fiel hinein in andere Räume, andere Zeiten. Die Reise war kein mentaler, sondern ein emotionaler Prozess. Die Führung erfolgte durch das Gefühl. Nicht der Verstand ging voraus, sondern das Herz.

Ich durchlebte viele Leben – als Mann, als Frau, in verschiedenen Jahrhunderten. Die Erlebnisse waren klar, intensiv, durchdrungen von Bildern, Emotionen, Erkenntnissen. Aber das war noch nicht das Entscheidende.

Was mich am tiefsten erschütterte, war die Begegnung mit meinem inneren Licht – meinem leuchtenden, zeitlosen Wesenskern. Ich war dieses Licht. Strahlend, grenzenlos, ewig. Jenseits von Geburt und Tod, jenseits von

Rollen, Geschlecht, Zeit und Raum. Ein Wesen reinen Seins. „Ich bin" – und ich war es schon immer.

Diese Erfahrung überstrahlte alles andere. Sie war keine Idee, kein Wunschbild – sie war. Und sie ließ sich nicht mehr wegdiskutieren.

Ich dokumentierte meine Erlebnisse täglich in einem Tagebuch – das ich Jahre später unter dem Titel „Strahlendes Licht. Tagebuch einer Reinkarnationsrückführung" veröffentlichte. Die Beschreibung lautete:

„Eine spirituelle Reise ins Zentrum der Inneren Welt, begleitet von der Hamburger Diplom-Psychologin Petra Angelika Peick. Die hier veröffentlichten Aufzeichnungen sind überraschend anders. Es geht nicht um spektakuläre Erinnerungen an frühere Leben, sondern um die erschütternde Begegnung mit dem inneren Selbst – ein initiatisches Erlebnis."

Doch dann – nach diesen vier Wochen – kam die Frage: Wie lebt man weiter, wenn man so etwas erfahren hat? Wie bewegt man sich im

Alltag, wenn man sich in vielen unterschiedlichen Rollen in ferner Vergangenheit und als zeitloses, unzerstörbares Lichtwesen erfahren hat?

Das Leben war da, mit all seinen Anforderungen, Absurditäten – und mit seiner Normalität. In unserer Wohngemeinschaft wohnte inzwischen ein exzentrischer mexikanischer Maler mit seiner, ihm total ergebenen, Gefährtin. Er verwandelte nach und nach die Wohnung in ein riesiges Atelier – was für alle Beteiligten gleichermaßen spannend und belastend war. Und so stand ich – innerlich transformiert, äußerlich konfrontiert – vor der Herausforderung, zwei Wirklichkeiten miteinander zu verbinden.

Doch selbst die tiefsten inneren Erlebnisse verblassten mit der Zeit. Ich fragte mich: War das alles real? Ein Traum? Halluzination? Wahrheit? Illusion?

Die Fragen begannen das Staunen zu verdrängen.

Reflexion:

Das Selbst als Licht – und die Schwierigkeit, in der Welt zu bleiben

Die Reinkarnationstherapie war keine bloße Reise in frühere Leben. Sie war eine Konfrontation mit dem Selbst. Mit jenem inneren Licht, das wir im Alltag meist vergessen – und das doch der wahre Kern unseres Seins ist.

Was geschieht, wenn man dieses Licht einmal wirklich erlebt hat? Was passiert, wenn man erkennt, dass man mehr ist als Körper, Geschichte, Persönlichkeit? Dann beginnt ein neues Ringen – nicht mehr um Erkenntnis, sondern um Integration.

Denn das Licht allein macht keinen Alltag. Das Absolute will gelebt werden – im relativen.

Die Schwierigkeit besteht darin, das Transzendente nicht zu verlieren – und trotzdem im Profanen zu bestehen. Es ist die klassische spirituelle Spannung: zwischen dem Ewigen in uns und dem Vergänglichen um uns.

Viele spirituelle Sucher scheitern genau an dieser Stelle. Sie flüchten sich in das Licht – und verlieren den Bezug zur Welt. Oder sie lassen das Licht hinter sich – und tauchen ganz in die Welt ein, als sei nichts geschehen. Doch beides führt in eine Spaltung. Wahre Spiritualität beginnt dort, wo diese Gegensätze nicht mehr auseinanderfallen.

Die Erfahrung des inneren Lichts ist kein Endpunkt, sondern ein Aufbruch – zu einem anderen Leben im gleichen Körper. Und sie stellt Fragen, die sich nicht mehr abschütteln lassen: Wer bin ich wirklich? Was ist meine Aufgabe in dieser Welt? Und wie kann ich der Tiefe meines inneren Erlebens treu bleiben, ohne mich von der äußeren Wirklichkeit abzuschneiden?

Wer das Licht sieht, wird zum Zeugen – und zum Träger eines inneren Wissens. Aber er wird auch verwundbar. Denn das Licht lässt sich nicht beweisen. Es ist nicht kommunizierbar im üblichen Sinne. Es entzieht sich den Kategorien von Beweis, Methode, Ergebnis. Es ist reine Erfahrung.

Vielleicht besteht die größte Herausforderung darin, dass man nach einer solchen Erfahrung nicht mehr einfach "zurückkehren" kann. Denn selbst wenn das Erlebte mit der Zeit verblasst – es hat sich ins Wesen eingegraben. Es hat einen verändert. Für immer.

Kapitel 6: Zwischen Wüste und Wunder – Auf den Spuren Castanedas und Bhagwans

Das äußere Leben nahm seinen Lauf – und doch war innerlich alles in Bewegung. Gemeinsam mit einem Freund, mit dem ich über Monate hinweg intensiv über Castaneda gesprochen und philosophiert hatte, fassten wir den Entschluss zu einer Reise in die Vereinigten Staaten. Es war eine Suche im Äußeren, die zugleich einer inneren Spur folgte: Wir wollten die Orte besuchen, an denen Castaneda seinen Lehrer Don Juan getroffen hatte – insbesondere die trockenen, wüstenartigen Regionen Arizonas und New Mexikos, von denen in seinen Büchern so eindrücklich die Rede war. Vielleicht, so dachten wir, würde die Atmosphäre dieser Orte uns einen tieferen Zugang zu seiner Welt ermöglichen.

Unsere Reise begann in Europa. Mit dem Zug fuhren wir nach Amsterdam und flogen von dort nach New York. Von dort aus weiter mit dem Greyhound-Bus bis zur kanadischen Grenze – nach Minot, North Dakota, wo Freunde lebten, die uns weiterhalfen. Wir kauften dort ein gut erhaltenes Auto, einen Chevrolet Malibu, packten unsere Rucksäcke und unser Zelt und machten uns auf eine monatelange Reise durch den amerikanischen Westen – eine Rundfahrt durch viele Staaten, unter anderem Arizona, New Mexiko, Kalifornien und Oregon.

Es waren Wochen voller Natur, Stille, Weite. Unser Zelt stand auf wunderschönen, weitläufigen Campingplätzen – oft in der Nähe von Nationalparks oder mitten in der Wüste. Die Landschaften der Sonora-Wüste, das trockene, raue Klima, die kargen Steppen: All das hinterließ einen bleibenden Eindruck. Und ja – diese Gegenden hatten etwas. Eine Schwere, eine Weite, eine archaische Gegenwärtigkeit, die Castanedas Schilderungen auf unerklärliche Weise bestätigte. Es war, als könnten wir seine Spuren spüren – nicht in äußeren Zeichen, sondern in der Atmosphäre.

Unsere Reise führte uns schließlich entlang der Westküste Kaliforniens weiter nach Norden, nach Oregon – genauer: in das abgelegene Hinterland bei Antelope, einem kleinen

Ort südlich von Portland. Dort, inmitten einer wüstenähnlichen Hochebene, hatten die Sannyasins des Gurus Bhagwan – der später unter dem Namen Osho bekannt wurde – eine Art spirituelle Stadt errichtet. Von seinem ursprünglichen Ashram in Poona (Indien) war Bhagwan mit hunderten Anhängern in die USA gezogen, hatte Land gekauft, eine Kommune gegründet und ein vollkommen neues spirituelles Zentrum aufgebaut: Rajneeshpuram.

Wir waren neugierig – auch deshalb, weil Bhagwan in Europa seit langem eine große Bekanntheit genoss. Seine Bücher waren weit verbreitet, seine Reden in vielen Ländern erhältlich. Viele junge Menschen aus dem Westen waren in jenen Jahren nach Poona gereist, auf der Suche nach Sinn, Freiheit und spiritueller Erweckung. Bhagwan gab ihnen all das – eine Mischung aus Yoga, westlicher Psychotherapie, tantrischer Philosophie und indischer Mystik.

Und so staunten wir nicht schlecht, als wir das Gelände betraten: Die Sannyasins hatten dort tatsächlich eine kleine Stadt errichtet.

Mit Hotel, Versammlungshallen, Einkaufsmöglichkeiten, Wohnhäusern, Gärten und einer funktionierenden Infrastruktur. Alles wirkte durchdacht, sauber, fast schon professionell – und doch gleichzeitig alternativ, unkonventionell und frei.

Bhagwan selbst erschien nur selten öffentlich. Einmal täglich gab es den sogenannten Darshan: Bhagwan fuhr, langsam und würdevoll, in einem seiner vielen Rolls Royce durch die versammelte Gemeinde, die in langen Reihen Spalier stand. Der Guru segnete – die Schüler jubelten. Ein spirituelles Schauspiel voller Hingabe, aber auch voller Pathos.

Die Stimmung unter den Bewohnern war freundlich, offen – aber unterschwellig auch angespannt. Es gab politische Spannungen mit der umliegenden Bevölkerung und den Behörden des Bundesstaates Oregon. Viele Einheimische empfanden die Präsenz der Sannyasins als Fremdkörper, ja, als Bedrohung ihrer gewohnten Welt. Die Eskalation ließ nicht lange auf sich warten: Wenige Monate nach unserem Besuch wurde die Kommune geräumt, Bhagwan verhaftet und aus den USA ausgewiesen. Er kehrte nach Indien zurück, die Gemeinschaft zerstreute sich über die ganze Welt.

Ich selbst kannte Bhagwan – wie viele andere – auch durch die Bücher von Jörg Andrees Elten. Der bekannte „Stern"-Reporter war als Journalist nach Poona gereist, hatte dort seinen Guru gefunden, seine journalistische Laufbahn beendet und war Sannyasin geworden. Sein Buch „Ganz entspannt im Hier und Jetzt" war eine Art Bestseller unter spirituell Suchenden geworden – auch ich hatte es gelesen. Und Jahre später, als die Bewegung zerbrach, erschien sein zweites Buch: „Alles ganz easy in Santa Barbara", eine schonungslos ehrliche Rückschau auf das, was war – und was geblieben ist.

Reflexion:

Zwischen Faszination und Fiktion – Die Sehnsucht nach einem Ort der Wahrheit

Was treibt Menschen an, sich auf den Weg zu machen? Was lässt sie tausende Kilometer reisen, in Zelte ziehen, durch Wüsten wandern, um einem Gefühl nachzuspüren, das sich nicht in Worte fassen lässt?

Es ist die Sehnsucht. Die Sehnsucht nach Wahrheit, nach Sinn, nach einem Ort, an dem das Geistige nicht Theorie ist, sondern gelebte Realität. Ein Ort, an dem das, was man innerlich ahnt, äußerlich Form annimmt. So wie Castaneda seine Wüste hatte – so hatten andere ihre Ashrams, ihre Gurus, ihre Gemeinschaften.

Doch die Gefahr liegt im Äußeren selbst. Sobald das Innere eine Bühne braucht, verliert es seine Reinheit. Der Guru im Rolls Royce, der Sannyasin mit Uniform, der spirituelle Lehrer mit Konzernstruktur – all das sind Symptome einer Sehnsucht, die sich ins Weltliche verlagert. Und doch: Diese Orte sind nicht falsch. Sie sind Übergangsräume. Sie sind Spiegel unserer Fragen, nicht Antworten.

Bhagwan war – wie viele andere – ein Lehrer für das Herz. Aber kein Heiland. Und auch Castaneda war kein Prophet, sondern ein Erzähler eines Systems, das sich letztlich jeder

Systematisierung entzieht. Beide verkörper-
ten Facetten einer Zeit, in der die Transzen-
denz suchbar wurde, aber nie vollständig
greifbar war.

Vielleicht ist genau das ihre Wahrheit.

Resümee:

Unsere Reise durch die USA war ein äußerer
Aufbruch – aber ein inneres Fortsetzen des-
sen, was schon lange in Bewegung war. Die
Wüsten Arizonas, die Worte Castanedas, die
Gemeinde Bhagwans – sie alle waren Etap-
pen auf einem Weg, der keine äußere Route
kannte. Sondern eine innere Richtung.

Es waren Erfahrungen, die lehrten, ohne zu
belehren. Die öffneten, ohne zu verpflichten.
Und die – vielleicht das Wichtigste – zeigten:
Die Wahrheit ist nicht an einen Ort gebun-
den. Sie ist unterwegs. So wie wir selbst.

Kapitel 7: Nachklänge der Reise – Zwischen Tiefe und Ernüchterung

Wenn ich heute an unsere große Rundreise durch die Vereinigten Staaten zurückdenke, kommen mir neben den eindrucksvollen Stationen – den Wüsten New Mexikos, dem Ashram von Bhagwan in Oregon – zwei Erlebnisse in den Sinn, die mir erst im Nachhinein ihre volle Bedeutung offenbart haben.

Das erste war unser Besuch bei den Hopi-Indianern im Nordosten Arizonas. Wir hatten davon gelesen, waren vorbereitet – und doch traf uns das Erlebte unvorbereitet ins Herz. In der zerklüfteten, kargen Landschaft der Mesas, zwischen Albuquerque und Las Vegas, besuchten wir ein traditionelles Fest auf der Second Mesa. Die Hopi empfingen uns freundlich, aber mit jener Zurückhaltung, die man Fremden gegenüber wahrt. Und dann begannen die Tänze.

Es war, als würde sich der Boden unter uns verändern. Trommeln, Gesänge, rhythmische Bewegungen – alles wirkte archaisch, tiefgründig, jenseits unserer kulturellen

Vorstellungskraft. Und plötzlich, während ich zusah, durchfuhr mich ein eigenartiges Gefühl: Ich kannte das. Nicht von früheren Reisen, nicht aus Büchern – sondern aus meinen Erinnerungen während der Reinkarnationstherapie bei Petra Angelika Peick. Es waren punktuelle Deja-vu-Erlebnisse, intensive emotionale Wiedererkennungen – wie kurze Blitze aus einem Leben, das nicht mehr meinem aktuellen Leben angehörte, aber doch in mir lebendig war.

Ich fand keine rationale Erklärung dafür. Aber ich spürte deutlich: Es gab eine Verbindung zwischen mir und dieser Kultur, zwischen der Weisheit der Hopis und den inneren Welten, die ich in der Therapie betreten hatte. Und nicht zuletzt erinnerte mich vieles – Tänze, Träume, die „andere Wirklichkeit" – an die Erzählungen in den Büchern Castanedas. Eine stille Klammer verband all diese Erfahrungswelten.

Die zweite Erinnerung betrifft einen Ort, der mir ein völlig anderes Erlebnis beschert hat – das Light Institute in Galisteo, New Mexico. Ich war neugierig geworden, weil die amerikanische Schauspielerin Shirley Mac-Laine in ihrem Buch „Dancing in the Light" ausführlich über ihre Reinkarnationserfahrungen berichtete und ihre Therapeutin Chriss Grissom sowie das Light Institute lobend erwähnte. Grissom war eine Zeit lang sehr präsent: Sie reiste durch die Welt, hielt Vorträge – auch in Hamburg – und veröffentlichte mehrere Bücher. Ich hatte einiges davon gelesen und war daher gespannt, den Ursprungsort dieser Bewegung mit eigenen Augen zu sehen.

Doch was ich dann erlebte, war ein regelrechter Realitätsschock. Galisteo, dieses, gemäß meinen persönlichen Erwartungen, sagenumwobene Zentrum spiritueller Heilung, entpuppte sich in meinen Augen als eine Handvoll unscheinbarer Gebäude inmitten der menschenleeren Halbwüste südlich von Santa Fe. Ich empfand keine besondere Ausstrahlung, keine erkennbare Tiefe, keine geistige Atmosphäre – nur einfache Häuser, verstreut im Nirgendwo. Und auch das Light Institute selbst war nach meinem Empfinden kaum mehr als ein schlichter Bau, äußerlich völlig unspektakulär.

Diese Diskrepanz zwischen medialem Glanz und tatsächlicher Realität, so wie ich sie empfand, wirkte auf mich ernüchternd. Ich begann zu begreifen, wie stark Öffentlichkeit, Aufmerksamkeit und spirituelle Modeerscheinungen unsere Wahrnehmung prägen – und wie wenig davon wirklich Substanz haben muss. Dieses Erlebnis wurde für mich zu einem Weckruf: Nicht alles, was glänzt, ist Gold. Und nicht jede spirituelle Erscheinung trägt tatsächlich Geist in sich.

Reflexion:

Echos der Tiefe – Und die Lektion der Entzauberung

Zwischen zwei Welten pendelnd – das war die Reise. Auf der einen Seite die Hopis: tief verwurzelt, zurückhaltend, spirituell durchdrungen. Und auf der anderen Seite die glatte Fassade des Light Institute – ein Sinnbild für den kommerzialisierten Westen, der sich die Spiritualität einverleibt, um sie zu vermarkten.

Wie erkennt man das Echte? Vielleicht am Echo. Dort, wo etwas innerlich nachhallt, wo es tiefer schwingt als der bloße Verstand – dort beginnt Wirklichkeit. So war es bei den Tänzen der Hopis. Ich spürte: Es war nicht nur ein Fest – es war ein Fenster in eine andere Wirklichkeit. Eine Brücke zur eigenen Seele.

Die Enttäuschung in Galisteo hingegen war eine notwendige Lektion. Sie lehrte mich, vorsichtiger zu sein mit Namen, mit Bildern, mit Autoritäten. Denn nicht alles, was prominent ist, ist bedeutend. Und nicht alles, was erwähnt wird, ist wirklich relevant.

Resümee:

Diese beiden Erlebnisse – das stille Staunen bei den Hopis und die Entzauberung in Galisteo – waren zwei Seiten derselben Medaille. Sie zeigen, wie nah Tiefe und Oberfläche oft beieinander liegen. Und wie wichtig es ist, nicht dem Schein zu folgen, sondern dem inneren Ruf.

Meine Reise durch Amerika war damit nicht nur eine äußere Bewegung, sondern auch eine Schule der Unterscheidung. Ich lernte zu fühlen, was trägt – und zu durchschauen, was bloß Hülle ist. Eine Lektion, die mich fortan begleiten sollte.

Kapitel 8: Der Weg zur Lebenskraft – Kundalini Yoga und eine weitere Buchveröffentlichung

Die Rückkehr aus den Vereinigten Staaten verlief wie ein Übergang aus einer anderen Welt – und doch reihte sich das, was ich erlebt hatte, nahtlos in den inneren Faden meiner Suche ein. Ich war wieder zurück in Hamburg, zurück in meiner Wohngemeinschaft, im gelebten Alltag – aber innerlich unterwegs wie eh und je.

Mein Weg hatte in der Hamburger Innenstadt begonnen, als mich vor Jahren ein junger Mann vor dem Gebäude der Organisation angesprochen hatte: „Wollen Sie etwas über sich selbst und das Leben erfahren?" Ich hatte damals spontan Ja gesagt. Und diesem Ja verdankte ich alles, was seither geschehen war – all die Begegnungen, Erfahrungen, Bücher, Lehrer, inneren Reisen. Es war, rückblickend, eine jener geheimnisvollen Weggabelungen des Lebens, die uns im Kleinen begegnen, aber große Wirkung entfalten können. Mein Ja war zu einer Lebenslinie geworden –

und ich wusste damals schon, dass ich ihr weiter folgen würde.

Ich praktizierte erneut Kundalini Yoga, meditierte regelmäßig, besuchte buddhistische Retreats, hörte tibetische Lamas, darunter mehrfach auch den Dalai Lama, der im großen Hörsaal der Universität Hamburg sprach. Meine Sehnsucht, die Wahrheit hinter dem Sichtbaren zu finden, war ungebrochen. Und dann kam wieder ein Sommer – und wieder ein Kundalini-Yoga-Festival in Loches, in der Nähe von Tours in Frankreich. Ich war schon einmal dort gewesen, zwei oder drei Jahre zuvor, und diesmal reiste ich gemeinsam mit einer Freundin dorthin.

Es wurde erneut ein tiefes Erlebnis. Die große Gemeinschaft, das Praktizieren mit mehreren Hundert Menschen aus aller Welt, die intensive Energie des Festivals – alles war getragen von einer kraftvollen Harmonie. Besonders das „Weiße Tantra" prägte sich mir ein: Diese intensiven, stundenlangen Yoga-übungen, bei denen man sich paarweise gegenübersaß – Männer und Frauen in Lotussitz, in langen, schnurgeraden Reihen – und über Tage hinweg unter Anleitung von Yogi Bhajan bestimmte Bewegungsabfolgen, Atemtechniken, Mudras und Visualisierungen durchführte. Es war körperlich fordernd, mental disziplinierend – und spirituell zutiefst ergreifend.

Yogi Bhajan selbst war eine Erscheinung. Man konnte ihn nicht beschreiben – man musste ihn erleben. Wenn er den Raum betrat, verstummte alles. Seine Präsenz war durchdringend. Er musste nicht sprechen, um Autorität auszustrahlen. Er war da – ganz und gar. Und bei den Tantra-Übungen spürte man, dass es seine bloße Gegenwart war, die das Energiefeld der gesamten Gruppe trug und lenkte. Der Aufstieg der Kundalini war kein bloßes Symbol – er war erlebbar.

Am Ende des Festivals ergab sich ein bemerkenswerter Moment: In einer Gesprächsrunde mit einigen Organisatoren aus dem Kreis der Kundalini Yoga-Organisation wurde darüber gesprochen, dass es bislang kein fundiertes deutsches Buch über Kundalini Yoga und Yogi Bhajan gab. Die wenigen vorhandenen Materialien waren kaum mehr als hektographierte Manuskripte. Und so bot ich an, dieses Buch zu schreiben – das erste fundierte, deutschsprachige Werk über Kundalini Yoga. Die Leute in Yogi Bhajans Umfeld Leute waren einverstanden. Ich versprach, alle nötigen Informationen zu sammeln und ein umfassendes Werk zu verfassen.

Zurück in Hamburg begann ich mit der Arbeit. Wochen und Monate verbrachte ich in Gesprächen mit Schülern Yogi Bhajans, studierte Texte, sichtete Übungsanleitungen, sammelte Zeichnungen, organisierte Materialien. Ich schrieb, sortierte, überarbeitete – Tag für Tag. Und schließlich entstand ein Manuskript von rund 300 Seiten, versehen mit vielen Abbildungen, das ich dem Hermann Bauer Verlag vorlegte. Dort hatte ich bereits mein Buch über Carlos Castaneda veröffentlicht – und auch dieses neue Projekt stieß auf große Zustimmung. Kurze Zeit später erschien es unter dem Titel:

„Kundalini – Die Erweckung der Lebenskraft. Theorie und Praxis des Kundalini-Yoga."

Die Buchbeschreibung lautete: „Die theoretischen Grundlagen zur Erweckung der im Menschen ruhenden Schöpfungsenergie sind auch im Abendland seit langem bekannt. Nicht bekannt sind die praktischen Techniken, mit denen eine Mobilisierung der Kräfte erreicht werden kann. Der indische Lehrer Yogi Bhajan ist bis heute der einzige Meister des Kundalini-Yoga geblieben, der die praktischen Aspekte dieser Disziplin in der westlichen Welt öffentlich unterrichtet. Dieses Buch greift die uns bekannten, theoretischen Grundlagen auf und verbindet sie mit den praktischen Lehren Yogi Bhajans zu einem umfassenden System, das intellektuell verstanden und durch illustrierte Übungen und Meditationen in die Tat umgesetzt werden kann. Das Buch versteht sich als eine praktische Arbeitsanleitung zur Anwendung des Lehrinhalts im täglichen Leben. Es soll dazu anregen, das System des Kundalini-Yoga sowohl als eine Methode der unmittelbaren, praktischen Lebenshilfe als auch im Sinne einer religiösen Praxis zur Selbsttransformation zu begreifen."

Es wurde, chronologisch gesehen, mein zweites veröffentlichtes Buch – und ein Werk, das in der Szene Beachtung fand. Viele Kundalini-Yogalehrer verwendeten es als Grundlage ihres Unterrichts. Ich wurde eingeladen, deutschlandweit Vorträge zu halten, leitete mehrtägige Seminarveranstaltungen, die vom Verlag organisiert wurden, und durfte erleben, wie meine Arbeit Resonanz fand.

Ein Meilenstein war erreicht. Und doch war mir klar: Der Weg war nicht zu Ende – er hatte gerade erst begonnen.

Reflexion:

Die Kraft des Ja – Und die Weisheit der Wiederholung

Manchmal beginnt alles mit einem einzigen Wort. Ein schlichtes „Ja" zur richtigen Zeit. Mein „Ja" in der Hamburger Innenstadt war ein solches. Und aus diesem Ja erwuchs ein ganzer Lebensweg – reich an Erfahrungen, an innerem Wachstum, an geistiger Tiefe.

Was mir in diesen Jahren zunehmend bewusst wurde: Erkenntnis ist nicht linear. Sie bewegt sich in Spiralen. Immer wieder begegnet man alten Themen neu – auf höherer Ebene, in größerer Klarheit. So kehrte ich nicht zufällig wieder zum Kundalini Yoga zurück, zum Tantra, zu Yogi Bhajan. Alles schloss sich, wurde dichter, weiter, tragender.

Und es gab einen neuen Aspekt: Ich begann, nicht nur zu empfangen, sondern auch zu geben. Mit dem zweiten Buch hatte ich etwas weitergegeben, das anderen half, ihren eigenen Weg zu finden. Das war vielleicht der erste zarte Anfang einer inneren Berufung, die später noch deutlicher werden sollte.

Resümee:

Diese Phase meines Lebens war von einer besonderen Mischung aus spiritueller Tiefe, innerer Reifung und äußerem Ausdruck geprägt. Ich war nicht mehr nur Suchender – ich war auch Gestalter geworden. Die Reise hatte mich geformt, geöffnet, und mir gezeigt, dass ich – mit dem, was ich verstand, lebte und beschrieb — auch anderen helfen konnte, ihre eigene Reise zu beginnen.

Einmal mehr war klar: Der Weg zur Wahrheit ist kein gerader Pfad — sondern ein dynamisches, lebendiges Wandern zwischen Erkennen, Erleben und Verwirklichen.

Exkurs: Die Gottesfrage – Zwischen Osten und Westen

Die Arbeit am Buch „Kundalini – Die Erweckung der Lebenskraft" war für mich mehr als ein Projekt – sie war ein Initiationsprozess. Tag für Tag tauchte ich tief ein in die Philosophie des Yoga, in die praktischen und theoretischen Grundlagen der Kundalini-Lehre, in die Texte der großen östlichen Traditionen, allen voran in die Yoga-Sutren des Patanjali. Diese intensive Beschäftigung mit der Denkweise und der spirituellen Symbolik Indiens öffnete mir nicht nur das Tor zu einer faszinierenden Welt, sondern stellte mich zugleich vor eine unerwartete Herausforderung: Ich begann, die fundamentalen Unterschiede zwischen östlicher und westlicher Spiritualität zu erkennen – und sie nicht nur zu sehen, sondern existenziell zu spüren.

Es war ein stilles Erdbeben in meinem Inneren. Denn während ich immer tiefer in die Weisheit der östlichen Texte eindrang, wurde mir bewusst, dass deren Gottesbild sich radikal von dem unterscheidet, was ich aus dem Westen kannte. Der Osten kennt – in der

Regel – keinen personalen Gott, der unserem Gottesbild entspricht. Die vielen bekannten, indischen Göttergestalten, sind eigentlich Wesen der Zwischenwelt, Halbgötter in der Astralsphäre, den Engeln oder Dämonen im christlichen Weltbild vergleichbar. Die eigentliche göttliche Wirklichkeit wird dort oft als eine formlose, undifferenzierte Urenergie verstanden, als eine allumfassende, unpersönliche Kraft, die allem zugrunde liegt, aber kein Gesicht hat, keinen Namen, keinen Willen. Das „Göttliche" ist in dieser Tradition meist ein Zustand – kein Gegenüber.

Der Westen hingegen, insbesondere das Christentum, spricht von einem personalem Gott – einem Du, einem Vater, einem Schöpfer mit Bewusstsein, Wille und Liebe. Einem Wesen, zu dem man beten kann, dem man begegnen kann, das sich offenbart und Beziehung sucht. Und genau diese Spannung zwischen einem göttlichen Zustand und einem göttlichen Wesen begann sich nun in mir zu regen. Was ist wahr? Was ist tiefer? Was ist echt?

Ich spürte, dass ich an einem Scheidepunkt stand. Und ich war überrascht. Denn Gott war bisher kein zentrales Thema meiner Suche gewesen. Ich hatte nach Wahrheit gesucht, nach Erkenntnis, nach dem Sinn des Lebens, nach meiner Bestimmung, nach Bewusstsein und Tiefe. Aber Gott? Nein. Zumindest nicht bewusst. Weder bei der Organisation, noch bei Carlos Castaneda, noch bei den Lehren des Yoga, der Magie oder der Esoterik war die Gottesfrage zentral. Viele dieser Systeme kamen ganz ohne Gott aus – oder blendeten ihn aus.

Und doch geschah jetzt etwas Seltsames: Je weiter ich voranschritt, je tiefer ich forschte, desto deutlicher wurde mir, dass am Ende aller Wege etwas wartete, das ich bislang nicht gesucht hatte – Gott. Es war, als würde sich plötzlich hinter allen Konzepten, Übungen und Lehren ein neuer Horizont auftun. Als würde ein Licht sichtbar, das nicht aus den Lehren selbst kam, sondern durch sie hindurch schien.

Ich begann zu ahnen, dass alle Wege, wenn man ihnen tief genug folgt, irgendwann zu

Gott führen – auch wenn sie diesen Namen nicht verwenden. Und dass die Unterschiede zwischen den Systemen nicht nur kultureller Natur sind, sondern ontologisch – es geht um das Wesen der Wirklichkeit selbst. Ist die letzte Realität ein anonymes Prinzip? Oder ist sie ein lebendiges Gegenüber?

Diese Fragen trafen mich tief. Ich konnte keine einfachen Antworten mehr akzeptieren. Ich war nicht bereit, mit Halbwahrheiten zu leben. Ich wollte es wissen. Und zum ersten Mal stellte ich fest, dass viele meiner spirituellen Weggefährten diesen Drang nicht teilten. Sie waren zufrieden mit einem bisschen Erkenntnis, ein bisschen Meditation, ein bisschen Gefühl. Ich aber wollte den Kern. Die Essenz. Die Wahrheit.

Reflexion:

Wenn das Ziel sichtbar wird

Es ist ein merkwürdiges Paradox: Man kann lange Zeit suchen, ohne zu wissen, wonach man eigentlich sucht. Und dann – plötzlich – erkennt man, dass das Ziel die ganze Zeit über am Horizont gestanden hat. Unsichtbar vielleicht, aber da. Für mich war dieser Moment gekommen. Ich hatte nach Erkenntnis gesucht – und fand die Gottesfrage.

Aber es war nicht der Gott meiner Kindheit, nicht der Gott der Kirche, die ich einst verlassen hatte. Es war ein anderer Gott. Oder vielmehr: der gleiche, aber in neuer Tiefe. Ein Gott, der in der Mitte aller Wege stand – ob sie nun aus Indien, Tibet, Kalifornien oder Jerusalem kamen.

Und ich verstand: Die Wahrheit ist nicht irgendwo am Rand. Sie steht in der Mitte. Man muss sich ihr nur wirklich stellen.

Exkurs: Astrologie – Die Qualität der Zeit

Parallel zu meiner intensiven Beschäftigung mit Yoga, Meditation, fernöstlicher Philosophie und meiner allmählich erwachenden Gottesfrage, eröffnete sich mir Mitte der 1980er Jahren ein weiterer geistiger Raum: die klassische Astrologie.

Den Impuls dazu gab mir eine Hamburger Freundin, eine anerkannte, professionelle Astrologin, die mich ermutigte, mich tiefer mit der traditionellen, esoterischen Astrologie zu beschäftigen – nicht mit der banalen Alltagsastrologie aus Zeitschriften, sondern mit der Astrosophie, wie sie seit Jahrtausenden als geheime Wissenschaft gepflegt wurde.

Ich begann, mich mit der Praxis der Horoskoperstellung vertraut zu machen, was in den 1980er Jahren ein sehr aufwendiges Unterfangen war. Es gab keine Computerprogramme oder Apps. Stattdessen mussten die Gestirnstände mit Hilfe von dicken Tabellenwerken, sogenannten Ephemeriden, mühsam per Hand berechnet werden. Die

Horoskope wurden anschließend auf Papier gezeichnet – mit den Planetenzeichen, Aspektlinien, Häuseraufteilungen, Gradzahlen. Eine minutiöse Arbeit, die viel Zeit und Geduld erforderte.

Doch dieser manuelle Aufwand hatte auch einen unerwarteten Effekt: Ich entwickelte beim Zeichnen der Horoskope ein inneres Verhältnis zu ihnen. Ich durchdrang das Horoskop geistig, weil ich es nicht nur betrachtete, sondern es selbst erschaffen hatte. Ich war gezwungen, mich mit jedem einzelnen Aspekt auseinanderzusetzen, mit jedem Winkel, jedem Planetensymbol, jeder Deutung. Und so lernte ich die Sprache der klassischen Astrologie Stück für Stück von innen heraus kennen.

Der theoretische Hintergrund jedoch war es, der mich am meisten faszinierte. Durch die Lektüre von Nikolaus Klein (Das senkrechte Weltbild) und Thorwald Dethlefsen (Schicksal als Chance) begriff ich, dass die echte Astrologie keineswegs davon ausgeht, dass die Gestirne Einfluss auf uns ausüben – wie es das landläufige, materialistisch-ursächliche

Denken gerne unterstellt. Vielmehr basiert die klassische Astrologie auf einem tieferen Verständnis von Zeit.

Die Alten unterschieden zwischen zwei Formen der Zeit:

- Chronos, die messbare, fortlaufende Zeit in Stunden, Tagen, Jahren.

- Kairos, die qualitative, innere Zeit, die mit einem bestimmten Moment verbunden ist.

Und genau diese Zeitqualität ist es, was die klassische Astrologie zu erfassen sucht. Sie sagt nicht, dass der Mars ein Ereignis verursacht – sondern dass bestimmte planetare Konstellationen eine Signatur der Qualität eines Zeitpunkts darstellen. Und da jedes Ereignis – ob Geburt oder Beginn eines Vorhabens – seine Qualität im Moment des Entstehens in sich trägt, kann ein Horoskop Auskunft über das Wesen und den weiteren Verlauf dieses Ereignisses geben.

Diese Sichtweise veränderte mein Denken grundlegend. Ich erkannte die Astrologie als ein symbolisches System, das nicht auf Kausalität, sondern auf Korrespondenz beruht – auf Spiegelungen zwischen Himmel und Erde, zwischen Makrokosmos und Mikrokosmos. Und ich verstand, dass die eigentliche Kunst nicht im Berechnen, sondern im Deuten liegt.

Ein Horoskop ist – theoretisch – ein vollständiges Abbild der Anlagen und Möglichkeiten eines Menschen oder Ereignisses. Aber die Kunst der Astrologie besteht darin, aus dieser Fülle das Relevante zu erfassen. Und das gelingt nur mit Intuition. Es ist kein reines Handwerk – es ist ein geistiger Akt.

Meine Freundin, die mich in diese Welt eingeführt hatte, verfügte über genau diese intuitive Gabe. Ihre Deutungen hatten Tiefe, Präzision und Weite. Und ich bewunderte sie dafür. Ich selbst aber entschloss mich nach einiger Zeit, diesen Pfad nicht weiter zu verfolgen. So faszinierend und tiefgründig die Astrologie auch war – ich spürte, dass mein eigener Weg woanders weiterführte.

Ich wollte nicht Zeichen deuten – ich wollte das Wesen der Wahrheit erkennen. Die Astrologie war für mich ein lehrreicher Seitenweg, aber nicht das Ziel. Mein Ziel war das Erkennen meiner selbst, meiner innersten Wahrheit – und immer deutlicher: das Erkennen Gottes.

Kapitel 9: Ein neuer Abschnitt – Einweihung in den Kriya Yoga

Die 1990er Jahre markierten eine Zäsur in meinem Leben. Nach den bewegten Zeiten in Wohngemeinschaften, mit ständigem Besuch aus aller Welt und einem Alltag voller philosophischer Gespräche, Bücher, spiritueller Experimente und gemeinsamer Unternehmungen, hatte sich mein Leben beruhigt. Ich lebte nun mit einer Lebensgefährtin in einem ruhigeren, grün gelegenen Teil der Stadt. Unsere Verbindung beruhte auf einer tiefen Gemeinsamkeit: dem Wunsch nach Wahrheit, nach Sinn, nach geistiger Entwicklung. All die Themen, die mich zuvor schon jahrelang beschäftigt hatten, blieben lebendig – nur der äußere Rahmen hatte sich verändert.

Während sie als Psychologin in einer eigenen Beratungspraxis arbeitete, war ich beruflich im Immobilienbereich tätig. Wir hatten uns gut eingerichtet. Und dennoch war da weiterhin dieser Drang in mir, mehr zu erkennen, tiefer zu verstehen, Zugang zu finden zu den letzten Dingen – zur Wahrheit, zum Sinn, zum Sein. Und genau in dieser Phase stieß ich eines Tages beim Stöbern in einer spirituellen Fachbuchhandlung auf ein Buch mit dem Titel: "Kriya Yoga" von Swami Hariharananda. Ich kannte den Autor nicht, auch mit dem Begriff Kriya Yoga hatte ich bisher kaum Berührungspunkte. Und doch zog mich das Buch an. Ich kaufte es, las es – und war tief berührt.

Swami Hariharananda war ein direkter Schüler von Sri Yukteswar – dem Lehrer des weltberühmten Paramahansa Yogananda, der in den 1920er Jahren die Lehre des Kriya Yoga in die USA brachte und dessen Buch "Autobiographie eines Yogi" ich Jahre zuvor bereits gelesen hatte. Was mich nun jedoch elektrisierte, war die Tatsache, dass Hariharananda noch lebte – wenn auch schon hochbetagt – und dass es offenbar möglich war, über autorisierte Lehrer in seine Linie eingeweiht zu werden.

Kriya Yoga versprach einen präzisen, systematischen Pfad zur Selbsterkenntnis – durch Meditation, durch Atemführung, durch Konzentration. Kein vages New Age, sondern ein überlieferter, ernstzunehmender spiritueller Übungsweg. Ich wollte mehr erfahren – und ich wollte eingeweiht werden.

Nach kurzer Recherche fand ich heraus, dass ein Schüler und autorisierter Lehrer Swami Hariharanandas in den Niederlanden lebte: Peter van Breukelen, in einem kleinen Ort namens Houten. Ich nahm Kontakt auf, wurde freundlich empfangen, und bald darauf fuhren meine Lebensgefährtin und ich nach Houten, wo Peter mich in einem persönlichen Gespräch prüfte und – nachdem er mich für bereit befand – am nächsten Tag in den Kriya Yoga einweihte.

Gemäß indischer Tradition brachte ich fünf Früchte, fünf Blumen und eine Spende mit. Der Einweihungsprozess war intensiv. Stundenlang sprach Peter van Breukelen Sanskrit-Mantren und heilige Formeln, erläuterte mir den Ursprung der Lehre, die Linie der Gurus, die bis zu Mahavatar Babaji zurückreicht, und stellte mich – geistig und energetisch – unter deren Schutz. Ich erhielt ein persönliches Mantra und detaillierte Anleitungen zur Praxis.

Zurück in Hamburg begann ich, täglich zu praktizieren: morgens und abends, jeweils etwa eine halbe Stunde. Ich richtete mir einen Meditationsplatz ein, hängte dort die gesegneten Bilder der Gurus auf und ließ mich auf die Praxis ein. Ergänzend nahm ich regelmäßig an Gruppentreffen teil, die von einem evangelischen Pfarrer namens Wolf Heymann organisiert wurden, in dessen Gemeindehaus Kriya-Yoga-Praktizierende zusammenkamen.

Auch das war damals für mich stimmig – heute sehe ich diese Vermischung religiöser Traditionen mit großer Skepsis. Aber das ist ein Thema, das einer gesonderten Betrachtung bedarf. Jedenfalls war ich in diesen Jahren tief in die Praxis des Kriya Yoga eingebunden, besuchte Veranstaltungen und Seminare, vertiefte mein Wissen durch Literatur und persönliche Gespräche, begegnete Peter van Breukelen mehrfach – und erlebte auch Swami Hariharananda selbst, als er auf seinen Europareisen Vorträge hielt, Darshan gab und seine Schüler segnete.

Die Präsenz dieses alten Meisters war beeindruckend. Ganz anders als Yogi Bhajan, den ich vom Kundalini Yoga kannte, war Hariharanandas Ausstrahlung nicht durchdrungen von Willenskraft, sondern von Liebe, Würde und Klarheit. Ich traf ihn im Laufe der Jahre wohl fünf- oder sechsmal, jedes Mal war es ein tiefes Erlebnis.

Doch wie so oft, wenn große Persönlichkeiten alt werden, begann sich das Feld um ihn zu verändern. Ich wurde Zeuge, wie einige seiner Schüler hinter seinem Rücken gegen ihn agierten, wie Machtkämpfe um die Nachfolge entbrannten. Es war schmerzhaft zu erleben, wie sich innerhalb einer spirituellen Organisation, die sich auf Reinheit und Disziplin berief, plötzlich Ego, Rivalität und Intrige breitmachten. Das erschütterte mein Vertrauen.

Ich zog mich allmählich zurück. Als Swami Hariharananda in den frühen 2000er Jahren verstarb, hatte ich mich bereits weitgehend gelöst. Später hörte ich, dass sich die Organisation wieder gefangen habe – aber für mich war die Verbindung innerlich beendet.

Reflexion:

Der Weg des Suchenden ist kein geradliniger Pfad. Er führt durch äußere Formen, durch Begegnungen, durch Höhen und Tiefen. Und häufig sind es gerade jene Lehrer, Systeme und Techniken, die uns eine Zeitlang begleiten, die uns lehren, was uns wirklich trägt – und was nicht. In meinem Fall war die Einweihung in den Kriya Yoga ein bedeutender Schritt. Ich begegnete echten Meistern, lebte über Jahre hinweg eine tiefgründige Praxis, und sammelte wertvolle Erfahrungen. Und dennoch: Die Wahrheit, nach der ich suchte, lag nicht in der Organisation, nicht in der Zugehörigkeit. Auch nicht in der Form der Meditation. Sie lag tiefer – jenseits aller Methoden. Es war eine Vorbereitung, ein Reifungsprozess. Und vielleicht war der größte Wert dieser Jahre darin, dass ich erfuhr, was alles nicht die letzte Antwort ist.

Resümee:

Die Jahre der Kriya-Yoga-Praxis bildeten eine spirituelle Reifephase. Die Einweihung, die Praxis, die Begegnungen mit Meistern – all das war bedeutsam. Und doch offenbarte sich in diesen Jahren auch die Schattenseite organisierter Spiritualität: Eitelkeit, Machtstreben, Zersplitterung. Das hinterließ Spuren. Aber es führte auch zur Einsicht, dass die Wahrheit, die ich suchte, nicht an Orte, Gruppen oder Traditionen gebunden ist. Sie ist persönlicher – und zugleich universeller – als ich damals ahnte.

Kapitel 10: Begegnung mit der Göttlichen Mutter – Mutter Meera

In der Mitte der 1990er Jahre trat eine Frau in mein Leben, die vieles verändern sollte – nicht äußerlich, nicht spektakulär, aber tief im Innersten. Es begann ganz unspektakulär: Eine Freundin schenkte mir zum Geburtstag ein kleines Buch mit dem Titel „Die Mutter" sowie ein Bild einer indischen Frau in einem goldenen Sari. Der Name auf dem Umschlag lautete „Mutter Meera". Das Buch war von Adilakshmi verfasst, der ständigen Begleiterin dieser Frau, und ein weiteres, ebenfalls von ihr überreichtes Buch trug den schlichten Titel „Antworten". Es enthielt kurze, prägnante Repliken von Mutter Meera auf die Fragen ihrer Schüler – einfache Sätze, tief, still, leuchtend.

Ich begann zu lesen – und war unmittelbar berührt. Keine intellektuelle Analyse, keine spektakulären Thesen, keine technischen Übungen – sondern ein stilles Erkennen. Etwas in mir wusste: Das ist es. Ich schrieb noch am selben Tag einen Brief an Mutter Meera. Einige Zeilen lauteten:

„Die Bücher und deine Worte darin berühren und bewegen mich zutiefst. Ich empfinde wie ein Kind, das die Nähe und den Schutz der Mutter immer gesucht und nun endlich gefunden hat."

Mehr möchte ich von diesem Brief nicht zitieren, der Inhalt war zu persönlich, zu unmittelbar. Doch ich glaube, es wird deutlich, wie sehr mich diese Begegnung traf – obwohl sie zunächst nur über ein Bild und ein paar Seiten Text stattfand. Aus heiterem Himmel hatte ich das Gefühl, angekommen zu sein. Es war, als hätte ich endlich die Quelle berührt, nach der ich so viele Jahre gesucht hatte – über all die Wege der Esoterik, des Yoga, der Philosophie, der Reinkarnation, der inneren Reisen und Erfahrungen. Und nun plötzlich: Einfachheit. Gegenwart. Licht.

Ich hatte nicht das Gefühl, dass sie selbst „die Quelle" ist – aber sie stand dafür, sie war verbunden mit ihr, sie öffnete die Tür. Und das Entscheidende: Zum ersten Mal hatte ich das Gefühl, dass ich selbst nichts mehr tun musste. Kein Suchen, kein Fragen, kein

Bemühen – einfach still da sein, offen, vertrauend, empfangend.

Diese Erfahrung veränderte mein inneres Verhältnis zur spirituellen Suche fundamental. Das aktive Suchen, die intellektuelle Anstrengung, das Sammeln von Wissen – all das trat für eine Zeit in den Hintergrund. Ich fühlte mich geführt, verbunden, gehalten. Mutter Meera war für mich das Licht – das Licht, das einfach da ist, wenn man bereit ist, es zu empfangen.

Wer also war diese Frau, Mutter Meera? Ihr bürgerlicher Name lautete Kamala Reddy, geboren in Südindien. Ihr Onkel, Balgur Venkat Reddy, war ein Devotee von Sri Aurobindo und dessen spiritueller Gefährtin Mira Alfassa – bekannt als „Die Mutter" des Ashrams in Pondicherry. Nach dem Tod dieser Mira Alfassa erkannte Balgur Venkat Reddy in seiner jungen Nichte Kamala die neue Inkarnation der „göttlichen Mutter" – Devi, Mahadevi, Adi Shakti. Mutter Meera selbst hat diesen Anspruch nie zurückgewiesen. Im Gegenteil: In vielen Aussagen und durch ihre Art hat sie diesen Anspruch implizit bekräftigt.

Nicht als Selbstdarstellung, sondern in stiller Selbstverständlichkeit.

Die Form des Darshan, die Mutter Meera seit ihrer Jugend praktiziert, ist schlicht und gleichzeitig zutiefst ergreifend: Man kniet sich vor ihr nieder, sie legt kurz die Hände auf den Kopf, hebt dann den Blick und schaut einem direkt in die Augen. Ein Blick von vielleicht zehn Sekunden – aber was sich darin vollzieht, ist schwer in Worte zu fassen. Dann senkt sie den Blick. Das ist das Zeichen, dass der nächste kommen darf.

Als ich Mutter Meera zum ersten Mal begegnete, war es in ihrem Wohnhaus in Thalheim, einem kleinen Ort in der Nähe von Koblenz. Der Raum war schlicht, voller Stühle, vielleicht 70 bis 100 Menschen. Und dann trat sie ein – in einem goldenen Sari – und nahm Platz. Ich war tief bewegt, als ich an die Reihe kam. Ich kniete, sie sah mich an – und ich hatte das Gefühl, dass sie mich ganz sah. Ohne Schleier. Ohne Schutz. Ohne Fassade. Alles in mir war offen, lag bloß – und es war gut. Es war Licht. Es war Reinheit. Es war Gnade.

Auch meine Lebensgefährtin, die mich begleitete, empfand diese Begegnung als tief, klar und still. Wir besuchten Mutter Meera noch viele Male in den folgenden Jahren. Anfangs fanden die Darshans in ihrem Haus statt, später – als der Andrang größer wurde – in einem größeren Veranstaltungsraum. Es wurde professioneller, etwas anonymer vielleicht, aber die Kraft, die Präsenz und die Stille blieben.

Meine Beziehung zu Mutter Meera war über viele Jahre hinweg stark und tragend. Ich fühlte mich unter ihrem Schutz, innerlich geführt und gehalten. Es war eine Zeit der inneren Ruhe und des Vertrauens, in der das aktive Suchen, das Fragen und Drängen, einem stillen Wissen wich. Ich war – so fühlte ich – in guten Händen.

Und ja, wie bereits gesagt: Diese Beziehung hat sich in den späteren Jahren relativiert. Nicht durch Ablehnung, nicht durch Bruch – sondern durch ein tieferes Verständnis dessen, was ich eigentlich suche. Diese Reflexion wird später ausführlich zur Sprache kommen – dort, wo es um Gott geht. Um den personalen Gott. Um Sein Wesen und Seine Beziehung zu uns. Aber in dieser Phase meines Lebens war Mutter Meera ein helles Licht – eine Verkörperung der göttlichen Gegenwart, so wie ich sie damals brauchte, suchte und fand.

Reflexion:

Die Mutter – eine stille Zäsur

Die Begegnung mit Mutter Meera markiert eine stille, fast unmerkliche, aber tiefgreifende Wende in meinem inneren Weg. Kein äußeres Ereignis, kein dramatischer Umbruch, keine neue Technik oder Lehre war es, die hier den Ton angab – sondern etwas anderes: das Ankommen. Ein Innehalten. Ein innerer Stillstand, der nicht Leere bedeutete, sondern Erfüllung.

All die Jahre zuvor war mein Suchen geprägt gewesen von Bewegung: geistig, spirituell, geographisch. Ich war gereist, hatte gelesen, geübt, diskutiert, geforscht. Und nun trat zum ersten Mal ein Element in den Vordergrund, das sich dem aktiven Zugriff entzog:

Empfangen. Vertrauen. Stillwerden. Die Stille war nicht mehr das Ziel der Übung – sie war plötzlich da. Nicht als Lohn für Mühe, sondern als Geschenk.

Mutter Meera war in dieser Zeit das Zentrum dieser neuen Erfahrung. Sie stand nicht für ein neues Konzept oder eine neue Theorie – sie verkörperte etwas. Ihre Präsenz sprach nicht zum Intellekt, nicht zur Argumentation – sondern direkt zur Seele. In ihrem Blick war keine Forderung, keine Lehre, kein Dogma – sondern einfach nur das Licht. Und dieses Licht war genug. Mehr noch: Es war alles.

Interessant ist auch, wie diese Erfahrung nachwirkte. Meine spirituelle Aktivität wurde in gewisser Weise ruhiger, weniger aufgeregt. Das Suchen hatte sich verwandelt. Es war nicht verschwunden, aber es war gereift. Ich begann zu begreifen, dass Wahrheit nicht immer durch Anstrengung gewonnen wird. Manchmal muss man auch loslassen, zuhören, warten. In dieser Wartezeit – in dieser Stille – kann etwas heranreifen, das durch keine Aktivität erreicht werden kann: Gnade.

Diese Phase – die Jahre mit Mutter Meera – waren für mich ein geistiger Rückzugsraum. Nicht im Sinne von Resignation oder Passivität, sondern im Sinne einer inneren Ausrichtung auf das Wesentliche. Eine Verdichtung. Eine Tiefe, die jenseits des Denkens liegt. Resümee: Der Weg in die Stille

Rückblickend erkenne ich, wie wichtig diese Phase war. Ohne sie wäre mein innerer Weg nicht vollständig gewesen. Ich hätte weiter gesucht, weiter gelesen, weiter analysiert – und doch etwas Entscheidendes verpasst: die Erfahrung der unmittelbaren göttlichen Gegenwart.

Mutter Meera verkörperte für mich damals eine Realität, die über alle Begriffe hinausgeht. Sie war – wie man im Hinduismus sagt – ein „Darshan", also eine lebendige Sichtbarkeit des Göttlichen. Dass ich ihr begegnen durfte, war kein Verdienst, sondern ein Geschenk. Und wie bei allen echten Gaben war die Bedeutung nicht nur in der Gabe selbst enthalten, sondern in dem, was sie in mir bewirkt hat.

Und auch wenn sich mein Verhältnis zu ihr später relativiert hat – ohne Groll, ohne Abkehr –, bleibt sie ein Teil meines Weges. Sie hat mir gezeigt, dass es Räume gibt, in denen das Ich schweigen muss, damit das Licht sich zeigen kann. Dass Wahrheit manchmal nicht gesucht, sondern empfangen werden will. Und dass es Wesen gibt, die diesen Empfang möglich machen – einfach durch ihre Gegenwart.

Wenn ich heute an sie denke, dann denke ich nicht an eine Lehrerin, nicht an eine religiöse Figur, sondern an einen Blick – still, weit, tief, ohne Urteil. Und in diesem Blick war für einen Moment alles aufgehoben, was mich je bedrückt, bewegt oder verwirrt hatte.

Kapitel 11: Die Begegnung mit Amma – Tell I: Der Ruf der Göttlichen Mutter

Meine Verbindung zu Mutter Meera hatte etwas von einem „Angekommen-Sein". Ich fühlte mich ihr tief verbunden, begleitet, geschützt. Ihre Bücher – besonders Antworten und Die Mutter – standen immer griffbereit im Regal. Ich schrieb ihr hin und wieder Briefe, besonders in Momenten der Unsicherheit oder inneren Fragen. Persönliche Antworten gab es keine, doch ich empfand ihre Nähe dennoch. Die Suche, dieser ständige Drang nach Erkenntnis, der mich viele Jahre getrieben hatte, ruhte nun – nicht beendet, aber stillgestellt. Ich war innerlich zur Ruhe gekommen, ohne dass ich mir dessen vollständig bewusst war.

Und dann geschah etwas Unerwartetes. Eines Abends zappte ich gelangweilt durch die Fernsehkanäle und blieb plötzlich an einem kurzen Bericht hängen – es ging um eine indische Heilige, die in Südindien lebte und weltweit für ihre spirituelle Kraft verehrt wurde. Ich sah nur wenige Minuten, aber irgendetwas daran berührte mich tief. Die

Gestalt dieser Frau – ihre Ausstrahlung, ihre Stille, ihre Augen – all das brannte sich mir ein. Ich wusste in diesem Moment kaum mehr als ihren Namen: Amritanandamayi Ma – genannt „Amma". Doch die Begegnung ließ mich nicht los. Ich wollte mehr wissen, aber der Bericht war Teil eines größeren Magazins, keine Quelle, kein Hinweis – nichts Konkretes, woran ich anknüpfen konnte.

Es vergingen einige Monate. Die Erinnerung an die Bilder war noch da, aber sie trat in den Hintergrund, wie so vieles, das keinen greifbaren Weg öffnet. Bis ich eines Tages, beim Durchblättern eines spirituellen Magazins, auf eine Ankündigung stieß: Amma, so hieß es, werde zu einer mehrtägigen Veranstaltung nach Mannheim kommen. Es war genau die Frau, die ich im Fernsehen gesehen hatte. Und in mir stand es sofort fest – ich musste dorthin.

Ich reise allein, hatte nur Zeit für einen Nachmittag. Es sollte ein erstes Kennenlernen sein. Was ich jedoch vorfand, übertraf alles, was ich bisher an spirituellen Veranstaltungen erlebt hatte. Die Messehalle war riesig – eine Fläche wie für ein internationales Festival, keine kleine Ashram-Atmosphäre, sondern ein Großereignis. Hunderte Autos, tausende Menschen, eine perfekt durchorganisierte Struktur mit indischem Basar, Ständen, Devotionalien, Essen, Kleidung, Musik – und doch: kein Chaos. Im Gegenteil. Es herrschte eine stille, freundliche, lichtvolle Atmosphäre. Ich fühlte mich vom ersten Moment an zugehörig. Nicht als Fremder unter Fremden, sondern als Heimgekehrter unter Freunden. So etwas hatte ich nie zuvor erlebt.

Amma selbst erschien später am Nachmittag. Der Moment war erhaben. Als sie die Halle betrat, standen alle auf, falteten die Hände, es wurde still. Sie schritt langsam durch den Raum, begleitet von ihrem engsten Kreis – Männer in ockerfarbener Kleidung, Frauen in weißen Saris. Dann nahm sie auf ihrem Thron auf der Bühne Platz. Ich saß auf dem Boden davor, ganz nahe, auf meiner Decke, im Yogasitz, vorbereitet und bereit, wie so oft in den vergangenen Jahren.

Amma begann zu singen. Spirituelle Lieder, Bhajans, Lobpreisungen hinduistischer Gottheiten – Krishna, Shiva, Devi. Die Musik, die Gesänge, der Duft von Räucherwerk, das Licht – alles verschmolz zu einem einzigen Erlebnis. Und dann sprach sie. Ihre Worte waren einfach, klar, mütterlich. Sie sprach nicht wie eine Lehrerin, sondern wie eine Mutter. Es ging um Liebe. Um Hingabe. Um ein Herz, das sich öffnet. Um die Bereitschaft, sich dem Göttlichen anzuvertrauen. Alles war durchdrungen von Sanftheit – und zugleich von Stärke.

Der Darshan begann: Jeder Mensch durfte zu ihr, sich vor sie knien – und wurde von ihr mit beiden Armen fest umarmt. Eine Umarmung, zehn, fünfzehn Sekunden lang – intensiv, liebevoll, echt. Ich stand lange in der Schlange, beobachtete das Geschehen, fühlte mich gleichzeitig dabei und doch wie in einem anderen Raum. Und dann war ich an der Reihe.

Als ich vor ihr kniete und sie mich in ihre Arme schloss, war ich vollkommen gegenwärtig – und zugleich vollkommen leer. Gedankenlos. Zeitlos. Alles fiel ab. Ich spürte keine Trennung mehr – keine zwischen ihr und mir, keine zwischen mir und der Welt. Nur Wärme. Nähe. Annahme. Mutter.

Als ich zurück auf meinem Platz saß, war ich innerlich erschüttert. In einer heilsamen Weise. Ich wusste, dass das kein gewöhnlicher Moment gewesen war. Ich hatte Amma nicht nur gesehen – ich hatte sie erfahren.

Und mir war klar: Das war nicht das Ende, sondern der Anfang.

Kapitel 12: Die Begegnung mit Amma – Teil II: Eine zweite Heimat

Nach meiner ersten Begegnung mit Amma war nichts mehr wie zuvor. Ihre Umarmung – diese einfache, wortlose Geste – hatte etwas in mir berührt, das sich nicht in Begriffe fassen ließ. Ich war bewegt, wie man nur bewegt sein kann, wenn etwas nicht den Intellekt trifft, sondern das Herz. Oder noch tiefer – das eigene Wesen.

In den folgenden Monaten las ich alles, was ich über Amma finden konnte. Ihre Bücher, Erfahrungsberichte ihrer Anhänger, Biografisches, Philosophisches. Ich verschlang jedes Wort. Und ich wusste: ich würde sie wiedersehen. Natürlich. Nicht aus Neugier, sondern aus Sehnsucht.

So wurde es bald zur Gewohnheit, jedes Jahr ihre Veranstaltungen in Deutschland oder dem nahen Ausland zu besuchen. Die großen Hallen, die tausenden Teilnehmer, das Zusammensein mit Menschen aus aller Welt – all das wurde mir vertraut. Es war wie eine Heimkehr in einen geistigen Raum, der jenseits aller kulturellen und sprachlichen Unterschiede lag. Eine große Familie – verbunden nicht durch Herkunft oder Ideologie, sondern durch eine gemeinsame Quelle: Amma.

Ammas Darshan, das berühmte „Hugging", die innige Umarmung, war jedes Mal ein Höhepunkt. Kein Mechanismus, kein Ritual. Sondern jedes Mal neu, jedes Mal persönlich. Während Umarmung auf Umarmung folgte vergingen oft viele Stunden. Amma saß dabei ohne Unterbrechung auf ihrem Platz – oft zwölf, manchmal sogar vierzehn Stunden am Stück – und umarmte ununterbrochen jeden Einzelnen. Ohne Pause, ohne Ermüdung, ohne Eile. Und das tat sie Tag für Tag, Veranstaltung für Veranstaltung, Kontinent für Kontinent.

Manche Menschen weinten in ihren Armen. Andere lächelten. Wieder andere brachen innerlich auf, so wie ich. Aber niemand verließ sie unberührt. Es war, als würde sie mit jedem Menschen etwas austauschen – unsichtbar, aber spürbar. Wärme, Trost, Annahme, Reinigung.

Ich erlebte Amma in diesen Jahren als Verkörperung der göttlichen Mutter – nicht metaphorisch, sondern existenziell. Und ich empfand keinerlei Widerspruch zu meiner gleichzeitigen Verbundenheit mit Mutter Meera. Im Gegenteil – für mich waren beide Ausdruck derselben transzendenten Wirklichkeit. Zwei Erscheinungen, zwei Persönlichkeiten – aber eine Quelle. Mutter Meera war still, zurückhaltend, durchdringend. Amma war kraftvoll, mütterlich, überwältigend. Aber beide trugen dieselbe Gegenwart in sich – dieselbe Strahlung, dasselbe Licht.

Was mich bei Amma zusätzlich beeindruckte, war ihr Wirken in der Welt. Während Mutter Meera sich ganz auf das Innere konzentrierte – auf Stille, Hingabe, Kontemplation – verband Amma das Spirituelle mit dem Praktischen. Neben ihrem Ashram in Amritapuri, Kerala, der über die Jahre zu einer internationalen Pilgerstätte anwuchs, baute sie Schulen, Krankenhäuser, Waisenhäuser, Universitäten, Hospitäler, Hilfsorganisationen – sie bewegte sichtbar und konkret die Welt. Und das alles nicht aus einer ideologischen

Agenda heraus, sondern aus Mitgefühl, aus bedingungsloser Liebe.

Sie lehrte keine neue Religion. Sie verlangte keine Konversion. Ihre Botschaft war einfach: Liebe. Gib, was du kannst. Diene. Vergeude dein Leben nicht mit Oberflächlichem. Öffne dein Herz. Und selbst wenn ihre Sprache und ihre Rituale im Rahmen des Hinduismus wurzelten, war das Wesentliche universell. Es ging ihr nie um Theorien oder Dogmen – sondern immer um die Praxis gelebter Hingabe.

Über die Jahre lernte ich viele ihrer Devotees kennen. Menschen aus allen Teilen der Welt, aus allen sozialen Schichten, aus verschiedensten Glaubensrichtungen. Alle verband das Gefühl: Wir sind bei ihr zuhause. Sie ist unsere Mutter. Und in ihrem Blick, ihrer Gegenwart, in ihrer Nähe war dieses Gefühl lebendig.

Später las ich dann auch von Sri Anandamayi Ma, einer weiteren großen indischen Heiligen des 20. Jahrhunderts, die von 1896 bis 1982 lebte. Ihre Lebensbeschreibung rührte mich tief. Auch sie wurde als Verkörperung der Göttlichen Mutter verehrt. Auch sie war in Ekstasen versunken, durchstrahlt vom Licht der Transzendenz. Es gab Fotos von ihr – sie wirkte auf diesen Bildern wie ein Wesen, das nur mit einem halben Fuß auf dieser Welt stand. Leicht, durchscheinend, entrückt. Ich bedauerte, dass ich ihr nicht mehr leibhaftig begegnen konnte. Aber sie wurde Teil meines inneren geistigen Kosmos, ebenso wie Amma und Mutter Meera.

In dieser Zeit – von Mitte der 1990er bis weit in die 2000er Jahre hinein – war meine aktive Suche nach der Wahrheit beinahe zum Erliegen gekommen. Ich fühlte mich angekommen. Nicht im Sinne einer Vollendung, sondern wie jemand, der das Ziel sehen kann. Ich fühlte mich getragen, beschützt, genährt. Nicht mehr getrieben – sondern verbunden.

Natürlich war mir zugleich bewusst, dass es sich bei all dem – wie immer in dieser Welt – auch nur um eine Stufe handeln konnte. Ein Abschnitt. Eine Phase. Nichts Irdisches ist ewig. Keine Erfahrung bleibt auf Dauer unverändert. Aber in diesen Jahren war ich innerlich ruhig, geistig gestärkt und seelisch tief berührt.

Es war eine Gnadenzeit.

Reflexion:

Zwischen Ankunft und Aufbruch – Eine Rückschau

Wenn ich heute auf jene Jahre zurückblicke – auf die Begegnungen mit Mutter Meera und Amma, auf das Erleben der Göttlichen Mutter in so unterschiedlichen, aber gleichermaßen berührenden Gestalten –, dann erkenne ich, dass diese Zeit ein Geschenk war. Ein Geschenk, das sich nicht durch Leistung verdient hatte, sondern das einfach gegeben wurde. Unerwartet. Ungeplant. Und doch – wie alles auf meinem Weg – kein Zufall.

Diese Phase meines Lebens war geprägt von einer tiefen inneren Berührung, von einer überströmenden Erfahrung der Transzendenz. Ich war angekommen – zumindest empfand ich es so. Die Rastlosigkeit der frühen Jahre, das ständige Suchen, Forschen,

Lernen, Üben, war wie zur Ruhe gekommen. Nicht weil es abgeschlossen war, sondern weil sich etwas geöffnet hatte, das über die Suche hinausging. Eine Dimension der Gnade.

Ich hatte das Gefühl, dass es nicht mehr um „meine" Anstrengung ging, sondern darum, mich führen zu lassen. Zu vertrauen. Nicht mehr zu ziehen, sondern zu empfangen. In der Nähe dieser beiden Frauen, die mir Ausdruck der göttlichen Mutter waren, verlor das Ich seine Härte. Die Fragen wurden leiser, das Herz wurde offener, das Leben wurde weicher.

Und doch — so wunderbar diese Zeit auch war, sie war nicht das Ende. Es war eine Station. Eine notwendige, tief heilende Phase, ja — aber eben doch eine Phase. Denn irgendwann regte sich etwas in mir. Ganz leise. Ganz zaghaft.

Nicht Zweifel.

Aber ein neues Fragen.

Ein Fragen, das tiefer ging.

Nicht mehr nur: „Wer bin ich?" oder „Wie finde ich mein Ziel?"

Sondern: „Was – oder wer – ist Gott wirklich?"
„Ist diese Erfahrung – so echt sie sich anfühlt – bereits die letzte Wahrheit?"
„Oder gibt es noch eine tiefere, noch eine klarere, noch eine wesentlichere Wirklichkeit hinter allem, was ich bisher erfahren habe?"

Diese Fragen kamen nicht aus einem Mangel, nicht aus Enttäuschung, sondern aus einer inneren Bewegung heraus – wie ein nächster Atemzug. Ein inneres Ziehen, das wieder begann.

Nicht weil die Zeit mit Mutter Meera oder Amma falsch gewesen wäre. Sondern weil sie – so tief sie war – offenbar nicht das Letzte war.

Es war wie ein Sonnenuntergang nach einem langen, leuchtenden Tag. Der Himmel war noch voller Farben, aber am Horizont deutete sich etwas Neues an. Etwas, das noch nicht greifbar, aber unausweichlich war.

Und so begann sich das Bild zu wandeln.

Langsam.

Leise.

Aber unaufhaltsam.

Kapitel 1: Der Zusammenbruch – Tod, Schmerz und der Ruf nach Sinn

Es geschah gegen Ende der 2000er Jahre – eine Phase meines Lebens, die alles veränderte, nicht nur äußerlich, sondern bis ins tiefste Innere. Ein Moment, der mein Denken und Fühlen grundlegend erschütterte, so tief, dass ich gezwungen war, alles infrage zu stellen, was ich bis dahin geglaubt und erkannt hatte. Es war, als ob jemand auf meinem inneren Lebensspiel eine neue Karte zog: „Gehe zurück auf Los. Fange noch einmal von vorne an."

Der Auslöser war der Tod meiner Lebensgefährtin.

Ihr Sterben kam nicht überraschend. Es war das Ende einer langen, schweren Krankheit, die uns viel abverlangt hatte. Und doch war der Moment ihres Abschieds so, als hätte ein Blitz meine Seele getroffen. Die Frau, mit der ich über zwei Jahrzehnte in einer tiefen, liebevollen, geistigen und seelischen Partnerschaft gelebt hatte, war nicht mehr da. Und mit ihr war ein Mensch von dieser Erde gegangen, der für mich das Kostbarste gewesen war: klug, gebildet, humorvoll, von einer seltenen inneren Schönheit und mit einem spirituellen Bewusstsein, das ich bis dahin nur in wenigen Menschen erlebt hatte.

Sie war – nach meinen Maßstäben – vollkommen gewesen. Zumindest vollkommen für mich.

Und nun sollte es heißen: Dieser Mensch existiert nicht mehr?

Ich konnte – nein, ich wollte das gefühlsmäßig nicht akzeptieren. Und je tiefer ich in mein Inneres horchte, desto klarer wurde mir: Ich konnte es auch rein rational nicht akzeptieren. Denn wenn das stimmte – wenn ein Mensch wie sie, nach so viel gelebtem Bewusstsein, Liebe, Güte und Weisheit, einfach im Nichts verschwindet – dann ist das Leben sinnlos. Dann ist jede spirituelle Suche, jede Anstrengung, jede Entwicklung umsonst. Dann ist das gesamte Dasein ein tragischer Irrtum.

Diese Erkenntnis erschütterte mein gesamtes Weltbild – bis in seine Grundfesten. Nichts war mehr sicher. Alles musste neu befragt, neu bewertet, neu gedacht werden.

Ich blickte zurück auf die vielen Stationen meines Weges: die ersten Schritte bei der Organisation in Hamburg, die Jahre mit Castaneda und Don Juan, das intensive Praktizieren von Kundalini und Kriya Yoga, die spirituelle Hinwendung zu Mutter Meera und Amma. Die Bücher, die Seminare, die Übungen, die Begegnungen mit spirituellen Lehrern aus Ost und West – was war all das noch wert, wenn der Tod am Ende ein radikaler Schnitt war? Wenn nichts von alledem wirklich in eine neue Wirklichkeit hinüberreichte?

Ich sah mich wieder an der gleichen Weggabelung wie damals, als mich dieser junge Mann mitten in Hamburg angesprochen hatte: „Wollen Sie etwas über sich selbst und das Leben erfahren?"
Und ich sagte – erneut und mit tiefster Entschlossenheit: JA!

Nur dass es dieses Mal kein neugieriges Ja eines jungen Mannes war, sondern das gebrochene, schmerzvolle und zugleich glühende Ja eines Mannes, der nun wusste, was auf dem Spiel stand. Ich wusste, dass ich – wenn ich diese neue Frage nicht beantworten konnte – innerlich sterben würde.

Ich suchte verzweifelt nach Orientierung. Ich wusste nur eines sicher:
Dieser Mensch, diese Frau, die ich geliebt hatte – sie konnte nicht einfach „nicht mehr sein".
Sie war! Und sie ist! Nicht mehr sichtbar. Nicht mehr erreichbar für mich. Aber existierend. Und zwar nicht als Symbol, nicht als Erinnerung, nicht als poetisches Bild – sondern ganz real. Als ein Ich. Als Seele. Als Wesen.

Ich spürte das mit einer solchen inneren Gewissheit, dass kein Argument der Welt daran rütteln konnte. Es war keine Hoffnung, keine Wunschprojektion, keine emotionale Verweigerung. Es war ein Wissen. Ein inneres, klares, kraftvolles Wissen. Und mit diesem Wissen stand ich plötzlich in einem ganz neuen Raum. Ich wusste: Das Ich stirbt nicht!

Nicht das wahre Ich. Nicht das erwachte, entwickelte, bewusste Ich, das durch ein Leben hindurch zu sich selbst gereift ist.

Und damit fielen viele Lehren, Konzepte und Bücher, die ich früher ernst genommen hatte, mit einem Schlag aus ihrer Gültigkeit heraus. Die Vorstellung, dass der Mensch im Tod in einem Meer des Unpersönlichen vergeht, dass er als Tropfen ins Kollektivbewusstsein zurückfällt, kam mir plötzlich nicht mehr spirituell vor – sondern dumm und grausam. Geradezu höhnisch. Und – so empfand ich es in diesen Tagen sehr stark – dämonisch. Denn es war der Versuch, dem Menschen seine Würde zu rauben. Seine Unverwechselbarkeit. Seine Seele.

In den folgenden Wochen und Monaten begann ich neu. Und diesmal nicht, um Wissen anzuhäufen, sondern um Gewissheit zu finden. Alles musste neu geprüft, neu gelesen, neu gedacht werden – mit dieser neuen, zentralen Frage im Zentrum: Was bleibt vom Ich, wenn der Körper stirbt?

Und so begann der zweite Teil meines Weges.

Kapitel 2: Die Suche nach Gewissheit – Ein neues Fundament entsteht

Nachdem sich der Tod meiner Gefährtin wie eine Bresche durch mein Weltbild gefressen hatte, war mir klar: Ich konnte nicht einfach dort weitermachen, wo ich aufgehört hatte. Zu tief saß der Riss. Zu deutlich war geworden, dass viele der spirituellen und philosophischen Konzepte, mit denen ich bis dahin gearbeitet hatte, mich nicht trugen – nicht in der Tiefe, nicht in der Nacht der Seele, nicht angesichts des Todes.

Ich begann, wie besessen zu lesen. Ich suchte nach allem, was es zum Thema Sterben, Weiterleben, Unsterblichkeit und Seelenexistenz gab. Die Klassiker der Sterbeforschung lagen bald in Stapeln auf meinem Tisch: Elisabeth Kübler-Ross, Raymond Moody, Bernard Jakoby – ich verschlang sie alle. Ich ging zu Vorträgen, Seminaren, machte sogar Ausbildungen zum Sterbebegleiter. Nicht, weil ich beruflich in diese Richtung wollte, sondern weil ich in der existenziellen Not keine andere Wahl sah, als jede Information aufzusaugen, die mir helfen konnte, die neue Wirklichkeit zu begreifen.

Ich schrieb Tagebuch. Ich analysierte, reflektierte, erinnerte mich. Ich schrieb auf, was dieser Mensch – meine Gefährtin – für mich gewesen war, und was sie noch immer war. Und irgendwann sammelte ich diese Gedanken, Gefühle, Erinnerungen und Reflexionen und machte ein Buch daraus: eine Würdigung dieses Lebens, das mein eigenes so tief geprägt hatte. Und ich lud auch andere ein, etwas beizutragen – über ihre eigenen Verluste, über das, was nach dem Tod eines geliebten Menschen bleibt.

Doch es blieb nicht bei dieser persönlichen Aufarbeitung. Zwei, drei Jahre später folgte ein zweites Buch, grundsätzlicher, klarer, systematischer: „Das Diesseits, das Jenseits und die Kraft der Liebe – Was Sie über das Leben und das Sterben wissen müssen."

Ein Buch, das sich gegen den Zeitgeist stellte. Ein Buch, das provozierte. Ein Buch, das deutlich sagte: Der Mensch ist kein biologischer Zufall. Unser Bewusstsein ist kein

Nebenprodukt von Hirnprozessen. Und der Tod ist nicht das Ende.

Das war die erste klare Konsequenz meines Weges durch Schmerz und Verlust. Aber das war noch nicht alles. Denn mit dem Verlust war auch ein anderer Prozess in Gang gesetzt worden: die radikale Neubewertung meiner früheren spirituellen Stationen.

Ich griff wieder zu all den Büchern, die mich in den Jahrzehnten zuvor begleitet hatten. Rudolf Steiner, Helena P. Blavatsky, Annie Besant, Leadbeater, Peter Michel, Alexandra David-Neel, Holger Kalweit – ich las sie noch einmal. Ich prüfte sie mit neuen Augen. Ich besuchte Vorträge, sprach mit spirituellen Weggefährten, traf Menschen, die Ken Wilber verehrten und seine integrale Philosophie verbreiteten.

Und während all das geschah, während ich las, prüfte, verwarf und neu zusammensetzte, verdichtete sich in mir ein Gedanke. Oder besser: eine Erkenntnis. Und als sie sich zeigte, war sie nicht nur ein Gedanke – sie war ein Schock. Aber auch eine Erlösung. Und sie veränderte alles.

Es geschah ganz unspektakulär, an einem Nachmittag wie viele zuvor. Ich saß wie so oft in meinem Lesesessel, umgeben von Büchern, Tee, Notizen, und hielt das Buch von Sogyal Rinpoche in den Händen: „Das tibetische Buch vom Leben und vom Sterben" – ein bekanntes, ja gefeiertes Werk. Ich hatte es schon mehrmals gelesen, aber diesmal, irgendwo in der Mitte des Buches, blieb ich bei einer Passage hängen. Wieder einmal ging es um das Auflösen des Ichs im Tod, um das Verschmelzen mit dem großen All, um die Aufhebung der Individualität in einem überpersönlichen Licht.

Und plötzlich konnte ich es nicht mehr ertragen!

Ich klappte das Buch zu, legte es beiseite, und sagte – laut, mit einer Entschlossenheit, die aus einer anderen Tiefe kam: „Schluss mit diesem kompletten Unsinn! Ich will von diesem Quatsch nichts mehr hören!"

Es war ein Moment vollkommener Klarheit, der wie ein Lichtstrahl durch das Dickicht meines Denkens schnitt. Ich wusste: Das alles – das Gerede vom Auflösen, vom Einswerden, vom Entgrenzen des Ichs – ist nicht wahr! Es kann nicht wahr sein.

Und mehr noch: Es ist nicht nur falsch, sondern gefährlich! Denn es zerstört das Kostbarste, was der Mensch hat: sein Ich, seine Identität, sein Bewusstsein, seine Einmaligkeit. Es zerstört die Hoffnung. Es raubt dem Menschen seinen inneren Ort. Es nimmt ihm jede Vorstellung von Verantwortung, von Reife, von Sinn – wenn es ihn auflöst wie ein Salzkorn im Ozean.

In diesem Moment kam alles zusammen:

- Das intuitive Wissen um das Fortbestehen der geliebten Person.

- Das Wissen um die Würde und Unverwechselbarkeit jedes Einzelnen.

- Die Ahnung, dass es nicht um die Auflösung, sondern um die Erfüllung geht.

- Und: dass das Ich kein Irrtum, sondern der Sinn des Daseins ist.

Diese Erkenntnis war keine Theorie. Es war ein geistiges Erdbeben. Und es war der Wendepunkt.

Von hier an war alles anders.

Kapitel 3: Die Wiederentdeckung des personalen Gottes

Wie das Ich zur Offenbarung wird

Was ich in jenen Tagen begriff – nicht als bloßen Gedanken, sondern als innere, unausweichliche Gewissheit –, war so einfach wie grundstürzend:

Das Ich vergeht nicht!
Und noch mehr: Es kann nicht vergehen!

Denn das Ich ist nicht nur ein Phänomen des Bewusstseins, nicht bloß eine Erscheinung unter vielen. Es ist der Ort, an dem sich Wirklichkeit offenbart. Das Ich ist nicht Illusion, sondern Ursprung. Nicht zufälliges Produkt der Evolution, sondern Sinnträger der Schöpfung.

Und in genau dieser Erkenntnis vollzog sich das, was ich heute die „Wiederentdeckung des personalen Gottes" nenne. Denn wenn das Ich nicht vergeht, wenn es bleibt, besteht, existiert – dann ist es nicht autonom, sondern getragen. Dann kommt es nicht aus

sich selbst, sondern aus etwas, das größer ist
– und doch von gleicher Art.

Es war wie eine innere Umkehrung: Nicht
mehr das Ich löst sich in ein kosmisches Etwas auf – sondern das kosmische Etwas ver-
dichtet sich im Ich.

Und daraus erwuchs die zentrale, alles verän-
dernde Einsicht:

- Nur ein Ich kann ein Ich erschaffen.
- Nur ein bewusstes, personales Wesen kann
einem anderen Ich Bewusstsein geben.
- Leben kommt von Leben. Bewusstsein
kommt von Bewusstsein. Persönlichkeit
kommt von Persönlichkeit.

Und damit:

- Das Ich kommt von Gott! Und Gott selbst ist
Person, ist Ich, ist Bewusstsein in reinster
Form!

Diese Kette war unwiderlegbar. Ich über-
prüfte sie tagelang, wochenlang. Ich wandte
mich gegen sie, argumentierte mit mir selbst,

suchte Einwände, bohrte in alten Büchern, befragte die Weisheiten der Jahrtausende. Aber am Ende stand immer wieder diese einfache, strahlende, unerschütterliche Wahrheit:

- Ein personaler Gott, Gott als Individuum, ist nicht ein Produkt menschlicher Vorstellung, oder des Glaubens, sondern die logisch unausweichliche Voraussetzung der Existenz von Individualität.

Es war, als ob ich den Schlüssel in der Hand hielt, nach dem ich mein Leben lang gesucht hatte – ohne zu wissen, dass ich ihn suchte. Und plötzlich fiel alles an seinen Platz:

Die Individualität ist kein evolutionäres Nebenprodukt, sondern die Zielgestalt der Schöpfung.

Die Tiefe meiner Trauer war kein psychologischer Reflex, sondern das Echo auf das Fortbestehen des geliebten Du.

Die Hoffnung auf Weiterleben war kein Wunschdenken, sondern das intuitive Wissen um das Sein bei Gott.

Ich begriff: Die letzte Wirklichkeit ist nicht Energie. Nicht Licht. Nicht Einheit.

Sie ist Beziehung!

Und Beziehung setzt voraus: Ich und Du. Es gibt kein Du ohne Ich. Kein Ich ohne Du.

Und darum gibt es auch kein Leben ohne einen lebendigen Gott.

Hier kehrte sich alles um. Was die östlichen Systeme für höchste Wahrheit hielten – die Auflösung des Ichs in ein Alles –, erschien mir nun wie eine tragische Verirrung. Wie ein Missverständnis, das seine Kraft aus der Sehnsucht nach Frieden nährt, aber die Wahrheit dabei aufgibt: Dass es nur Frieden geben kann, wo es Personen gibt, die lieben.

Denn Liebe setzt zwei voraus.
Und nur wer bleibt, kann lieben.
Nur wer ein Ich ist, kann antworten.

Und so fand ich den Gedanken wieder, den ich in meiner Kindheit unbewusst gespürt, später verworfen, dann durch viele Umwege wieder aufgespürt hatte:

- Gott ist ein Du. Ein lebendiges, ewiges, personales Du.

Und mein eigenes Ich – so bruchstückhaft und fehlerhaft es sein mag – ist von diesem Du gewollt, erschaffen und getragen.

Der Neubeginn

Diese Erkenntnis war keine Ideologie. Sie war auch keine emotionale Reaktion auf einen Verlust. Sie war Frucht einer existenziellen Krise – und zugleich Antwort auf eine jahrzehntelange Suche.

Von nun an war mein Denken klar ausgerichtet. Ich wusste, dass es keinen Sinn mehr hatte, Systeme zu studieren, in denen das Ich am Ende negiert wird. Kein Pantheismus, kein Advaita Vedanta, kein tibetischer Buddhismus konnte mir mehr etwas geben. Sie hatten mir früher viel bedeutet – jetzt waren sie wie verlassene Häuser. Ich ging nicht mehr hinein.

Was mich jetzt beschäftigte, war etwas anderes:

Was bedeutet es, dass das Ich bleibt?

Wie gestaltet sich das Sein eines Menschen nach dem Tod?

Was ist unsere Aufgabe hier – in dieser Welt – als Geschöpfe eines personalen Gottes?

Wie begegnet uns Gott?

Und wie können wir ihm antworten?

Kapitel 4: Die große Wende – Warum es ohne den personalen Gott keine Individualität geben kann

Und während ich noch mit dem gerade zugeschlagenen Buch in der Hand dasaß, das „Tibetische Buch vom Leben und vom Sterben", überkam mich mit einem Mal eine Erkenntnis von solcher Klarheit und Wucht, dass ich einen Moment lang den Atem anhielt.

Ich sah auf einen Schlag das riesengroße Dilemma, in dem sich all diese Philosophien und Religionen befinden, von denen ich über Jahrzehnte geglaubt hatte, sie würden mir helfen, dem Sinn des Lebens näherzukommen.

Sie alle – ob Yoga, Buddhismus, Esoterik, Theosophie oder moderne Spiritualität – umkreisen ein einziges Thema in endlosen Variationen:

- Sie propagieren das Ende des Individuums – weil sie keinen personalen Gott kennen.

Das ist ihr blinder Fleck, ihre tiefste Schwäche. Und das ist auch der entscheidende Grund dafür, dass sie kein ewiges Leben denken können. Denn:

- Ohne personalen Gott gibt es kein Überleben des Individuums.

- Ohne das absolute göttliche „Ich Bin", kann es auch kein menschliches „Ich bin" geben.

Der Ursprung von Leben und Bewusstsein

Die Zusammenhänge wurden mir schlagartig klar. Leben kann niemals aus toter Materie entstehen. Und ebenso wenig kann Bewusstsein aus etwas entstehen, das selbst kein Bewusstsein besitzt.

- Leben kommt von Leben.
- Bewusstsein kommt von Bewusstsein.
- Persönlichkeit kommt von Persönlichkeit.

Nur ein personaler, ewiger Gott – ein transzendentes Individuum mit Bewusstsein, Willen und schöpferischer Kraft – kann anderen Wesen Bewusstsein schenken. Nur ein solcher Gott kann ihnen einen Anteil an seiner eigenen Ewigkeit geben.

Ein anonymer, amorpher göttlicher Urgrund in der Transzendenz kann all das nicht, ihm fehlt der Kern, der Wille, die Intention dazu. Er ist kein individuelles Sein das etwas schaffen könnte.

Diese Erkenntnis war für mich wie das Durchtrennen des gordischen Knotens. Ich hatte nach Jahrzehnten intensiver Suche endlich verstanden, warum all die Systeme, denen ich gefolgt war – von den ersten Anfängen bei der Organisation im Zentrum Hamburgs, über Castaneda und Yoga bis zu Amma und Mutter Meera – niemals den letzten Schritt getan hatten.

Sie alle sprachen von Energie, von Bewusstseinszuständen, von Transformation, von kosmischen Prinzipien – aber sie sprachen nicht von einem personalen Schöpfergott. Sie kannten ihn nicht, oder sie lehnten ihn ab.

Die Irrtümer der unpersönlichen Gottesvorstellung

All die Begriffe, mit denen man den transzendenten Ursprung des Seins zu umschreiben versucht, wenn man Gott nicht als Person denken will – wie Urgrund, das All, die Quelle, die Leere, das Eine, Brahman, das Tao – sie haben eines gemeinsam: Sie bleiben unbestimmt, unpersönlich, beziehungslos. Sie haben keine Intention, keinen Willen, kein Du.

Und darum sind sie nicht in der Lage, dem Menschen ewiges, individuelles Sein zu garantieren.

- Ohne den personalen Gott gibt es keine personalen Menschen.

- Ohne den „Ich bin, der ich bin" (Exodus 3,14), gibt es auch kein „Ich bin" im Menschen.

Ich war plötzlich voller Euphorie. Es war, als hätte ich den Stein der Weisen gefunden. Endlich verstand ich, warum all die scheinbar

so tiefgründigen spirituellen Konzepte am Ende leer bleiben:
Sie umkreisen die Wahrheit – aber sie treffen sie nicht. Weil sie die zentrale Person ausblenden, der alles entspringt: Gott.

Die große Täuschung

Ich hatte mich Jahrzehnte lang an der Peripherie des Wissens bewegt – und dabei das Zentrum verfehlt. Ich hatte gedacht, man könne sich um die Gottesfrage irgendwie herumdrücken, könne sie offenlassen, sie als Symbol, als Bild, als Projektion auffassen.

So wie es heute überall geschieht – in der Esoterik, in der Spiritualität, in den Synkretismen, ja sogar in Teilen der institutionalisierten Religionen selbst.

Aber nun erkannte ich:

- Die Frage nach dem Wesen Gottes ist nicht irgendeine Frage – sie ist die erste und entscheidende.

Denn von ihr hängt alles andere ab: Ob es Wahrheit gibt. Ob es Sinn gibt. Ob es Gerechtigkeit gibt. Und ob der Mensch, dieses einzigartige bewusste Wesen, mit dem Tod vergeht – oder ob er bleibt.

Das Denken des Westens – und die verborgene Wahrheit der Bibel

Ich erinnerte mich in diesem Moment an ein Zitat von Dr. Eben Alexander, das ich Jahre zuvor in einem seiner Bücher gelesen hatte – und dessen Tiefe mir damals noch entgangen war:

„Einer der größten Fehler, die Menschen machen, wenn sie über Gott nachdenken, ist, sich Gott als unpersönliches Wesen vorzustellen."

Jetzt verstand ich diesen Satz – und mit ihm den ganzen biblischen Zusammenhang:

„Lasst uns Menschen machen nach unserem Bild, uns ähnlich" (Genesis 1,26).

„Ich bin, der ich bin" (Exodus 3,14).

Gott ist ein Ich. Und nur weil er ein Ich ist, sind wir es auch.

Diese Perspektive veränderte alles. Sie stellte die Welt auf den Kopf – oder besser gesagt: sie stellte sie endlich auf die Füße. Ich sah plötzlich: Die ganze spirituelle Moderne, in ihrer Sehnsucht nach Licht und Einheit, läuft vor dem einen, entscheidenden Schritt davon.

Sie scheut die Konfrontation mit dem personalen Gott, weil dieser Gott Konsequenzen hat:

Er liebt. Aber er fordert auch.
Er schenkt Freiheit. Aber er verlangt auch Verantwortung.
Er ist nicht nur Quelle – er ist auch das Ziel.

Die Entscheidung, die ich so lange vermieden hatte

Ich hatte diese Entscheidung, wie so viele andere auch, jahrzehntelang aufgeschoben. Ich hatte sie intellektuell umgangen, als metaphysisch unentscheidbar abgetan, als Spekulation.

Aber jetzt sah ich, dass diese Entscheidung der Schlüssel zu allem ist. Und dass sie ganz und gar nicht schwierig oder theoretisch ist – sondern ganz einfach, weil sie sich auf eine innere Realität stützt, die jeder Mensch in sich kennt:

- Unser Bewusstsein „Ich-bin" ist der Abglanz des göttlichen Bewusstseins „Ich-Bin".

- Und darum ist unsere Unsterblichkeit – wenn wir sie wollen – kein Traum, sondern ein konkretes Angebot das Gott uns gemacht hat und das wir nur annehmen müssen.

Kapitel 5: Der verdrängte Gott – Warum der Mensch die Quelle seiner Existenz leugnet

Nach meiner Erkenntnis, dass nur ein personaler, transzendenter Gott die Voraussetzung für individuelles, ewiges Leben ist, stellte sich unweigerlich eine neue, bohrende Frage:

- Warum nur – um alles in der Welt – wird dieser Gott von so vielen Menschen geleugnet, ignoriert oder durch abstrakte Konzepte ersetzt?

- Warum hat man Gott zur Kraft, zum Feld, zum Prinzip, zum All oder zur Leere degradiert – oder gleich ganz abgeschafft?

Die Antwort auf diese Frage ließ nicht lange auf sich warten. Sie war ernüchternd – aber zugleich erhellend:

- Weil ein personaler Gott etwas von mir will.
- Weil er mich kennt – und weil ich mich ihm stellen muss.

Ein unpersönlicher Urgrund fordert nichts. Er fragt nicht. Er sieht mich nicht. Er lässt mich in Ruhe.

Ein personaler Gott hingegen sieht mich an – und sagt: Du bist von mir gewollt. Du bist mein Geschöpf. Du bist mir verantwortlich.

Autonomie oder Wahrheit – die große Entscheidung

Hier liegt der Kern der Verdrängung.

Der Mensch unserer Zeit will frei sein – absolut frei, autonom, unbegrenzt. Er will seine eigene Wahrheit, seinen eigenen Weg, seine eigene Identität – unabhängig von jeder höheren Instanz.

- Die Leugnung Gottes ist die Voraussetzung für die Selbstvergottung des Menschen.

Denn solange Gott als Gegenüber existiert – als das große Du –, kann ich mich nicht zum Maß aller Dinge machen. Ich kann mich nicht entgrenzen. Ich kann nicht sagen: Ich bin, weil ich mich selbst erschaffe.

Darum wird Gott umgedeutet. Entpersönlicht. Marginalisiert.

Man stellt ihn gleich neben Energie, Quantenfelder und morphogenetische Resonanz – und glaubt, er werde dadurch harmlos.

Doch Gott ist nicht harmlos. Und genau das ist das Problem für den modernen Menschen.

Die Angst vor dem Du

Ein personaler Gott ist kein Kosmos-Spielzeug, kein Esoterik-Accessoire und kein frommer Seelenwärmer.

Ein personaler Gott ist lebendig, wahrhaftig, absolut – und er spricht:

„Adam, wo bist du?"
„Kain, wo ist dein Bruder?"

Die ersten Fragen Gottes an den Menschen – wie sie in der Genesis überliefert sind – treffen mitten ins Herz. Es sind keine rhetorischen Fragen, sondern Fragen der Verantwortung.

Und genau das ist es, was viele Menschen nicht wollen. Verantwortung. Rechenschaft. Wahrheit.

Sie wollen Spiritualität ohne Konsequenz.
Sie wollen Bewusstsein ohne Bekenntnis.
Sie wollen Transzendenz ohne Transzendenz-Gegenüber.

Die Erbsünde der Moderne

Die tiefste Wahrheit, die ich in dieser Phase meines Lebens erkannte, war:

- Der moderne Mensch hat sich in seinem tiefsten Innersten gegen den personalen Gott entschieden, nicht aus intellektuellen Gründen, sondern aus psychologischer Notwendigkeit.

Denn wenn Gott existiert – wirklich existiert, als lebendiger, persönlicher Schöpfer – dann bedeutet das:

- Ich bin nicht der Ursprung meines Seins.

- Ich bin nicht der letzte Maßstab.

- Ich kann mich irren.

- Ich muss Rechenschaft ablegen.

Diese Wahrheit ist vielen unerträglich geworden – vor allem in einer Zeit, in der das individuelle Selbst über alles gestellt wird. Die Aufklärung, der Humanismus, der Existenzialismus, die Postmoderne – sie alle drehen sich letztlich um diesen einen Dreh- und Angelpunkt:

- Wie wird der Mensch frei – wenn Gott existiert?

Und weil diese Frage so unbequem ist, hat man den Gott der Väter durch die Götter der Philosophie ersetzt. Man hat ein unpersönliches Prinzip erschaffen, das nichts fordert, nichts verlangt, niemanden ruft.

Aber dieser neue Gott kann auch nichts schenken. Er kann keinen Sinn geben. Keine Liebe. Keine Vergebung. Kein ewiges Leben.

Die entscheidende Wende

Meine große Erkenntnis war daher nicht nur eine metaphysische, sondern eine existentielle:

- Solange ich mich nicht dem personalen Gott stelle, bleibe ich allein.
- Ich mag meditieren, transformieren, visualisieren – aber ich werde niemals ankommen.

Erst mit der Erkenntnis des lebendigen, personalen Schöpfers wurde mir klar, dass alle anderen Wege – so edel, tief oder machtvoll sie auch scheinen mögen – an der Quelle vorbeiführen.

Der Mensch ist nicht der Ursprung – er ist das Angesprochene.

Und nur, wenn er antwortet, beginnt die Wahrheit.

Kapitel 6: Der Preis der Gottesleugnung – und die Frage nach der Unsterblichkeit

Ich erkannte in jenen Tagen – nein, ich sah es plötzlich wie unter einem grellen Licht:

Der Preis für die Leugnung eines personalen Gottes ist nicht weniger als der Verlust der eigenen Unsterblichkeit.

Diese Erkenntnis schlug wie ein Donnerschlag in mein Denken ein. Sie war nicht abstrakt, nicht spekulativ, sondern von einer derart zwingenden Logik, dass ich mich fragte, wie ich all die Jahre, ja Jahrzehnte daran vorbeigehen konnte. Wie die meisten Menschen, war auch ich zuvor – ohne es genau zu merken – dem Irrglauben erlegen, dass man spirituell sein könne, ohne sich auf einen personalen Gott einzulassen. Dass man von Seele, von Bewusstsein, von Weiterleben, von Transzendenz und Sinn sprechen könne, ohne das Zentrum dieser Begriffe ernsthaft zu benennen: Gott selbst – als Person, als Ursprung, als Schöpfer, als Ziel.

Doch plötzlich war mir klar: Ohne den personalen Gott gibt es keine Unsterblichkeit. Punkt. Denn nur eine bewusste, schöpferische, ewige Person kann anderen bewussten Wesen – Menschen – eine Teilhabe an dieser Unvergänglichkeit gewähren. Wenn Gott kein „Ich Bin" ist, dann gibt es auch für uns kein „Ich bin" über den Tod hinaus. Dann sind wir nicht Ebenbilder, sondern bloße Blasen im Strom des Nichts. Und mit dem Zerplatzen der Blase vergeht alles.

Das war der blinde Fleck all jener spirituellen Systeme, die ich über Jahrzehnte studiert hatte: Sie lehrten Transformation, Verschmelzung, Auflösung – aber sie kannten nicht die eine Instanz, die allein in der Lage ist, wahres Fortbestehen zu garantieren: das ewige, personale Sein Gottes. Und so liefen sie alle, letztlich, in das große Nichts. Was für ein Verlust!

Was für eine Tragik!

Denn die meisten Menschen, die sich solchen Konzepten hingeben – ob in fernöstlichen Lehren oder modernen esoterischen

Varianten – tun dies aus einer echten Sehnsucht nach Tiefe, nach Wahrheit, nach Sinn.
Sie suchen – wie ich einst – nach Orientierung. Nach Trost. Nach Hoffnung. Doch was
sie finden, ist oft ein Nebel aus Begriffen. Ein
„Kosmos", ein „Urgrund", ein „göttliches
Prinzip", ein „Universum", eine „All-Energie"
– aber keine Instanz, die sie liebt, die sie
sieht, die sie wollte, und die sie in Ewigkeit
bei sich behalten möchte.

Es sind alles nur schöne Worte. Aber leere
Versprechen.

Denn wenn der Ursprung keine Person ist,
dann hat er keine Intention.
Und wenn er keine Intention hat, dann hat er
dich auch nicht gewollt.
Und wenn er dich nicht gewollt hat, dann
wirst du ihn nie finden.
Und wenn du ihn nie findest, wirst du auch
nie wissen, wer du wirklich bist.

Die Leugnung Gottes als Person ist damit
nicht nur ein Irrtum – sie ist eine Entwurze-
lung. Und sie ist, in letzter Konsequenz, eine
Form der Selbstvernichtung. Denn der

Mensch, der sich vom personalen Schöpfergott abwendet, wendet sich zugleich von seiner eigenen Bestimmung ab. Er kappt die Verbindung zu seiner Quelle – und verliert damit auch das Ziel. Er verliert sich selbst.

So war es auch mir lange Zeit ergangen – und so geht es Millionen von Suchenden heute. Die meisten merken es nicht. Sie glauben, sie würden sich befreien, wenn sie Gott als Vater ablehnen. Sie glauben, sie würden sich emanzipieren, wenn sie den Himmel leeren. Aber in Wahrheit reißen sie das Dach über ihrem Kopf ein – und stehen nackt im Sturm.

Ich kann das nicht mehr mit ansehen, ohne zu versuchen, den Fehler aufzuklären.

Denn heute weiß ich: Unsere Unsterblichkeit ist kein Automatismus, keine Selbstverständlichkeit, kein philosophischer Nebensatz – sie ist ein Geschenk. Und dieses Geschenk kann nur einer geben: Der, der uns gemacht hat. Der, der uns wollte. Der, der uns liebt.

Es ist der personale Gott.

Nicht der Gott des Nebels. Nicht der Gott des Alls. Nicht das Prinzip, nicht das Gesetz.

Sondern der Gott, der sagt: „Ich bin, der ich bin." (Exodus 3,14)
Und der zugleich sagt: „Ich habe dich bei deinem Namen gerufen. Du bist mein." (Jesaja 43,1)

Diese Erkenntnis ist nicht theoretisch. Sie ist existenziell.

Und sie ist auch nicht exklusiv – sie steht jedem offen, der bereit ist, das falsche Denken abzulegen. Wer das tut, wer sich Gott wieder als Person zuwendet, wird sehr schnell spüren, wie sich auch das eigene „Ich bin" wieder ordnet, verankert, beruhigt. Denn es hat sein Gegenüber gefunden. Es ist kein Waisenkind mehr im Universum. Es weiß, zu wem es gehört.

Ich hatte diesen Schritt getan. Ich hatte mich der Wahrheit gestellt. Und ich wusste: Von hier aus würde mein Weg weitergehen. Ganz anders. Und ganz neu.

Doch er würde mich nicht sofort zurück in die christliche Kirche führen – noch nicht.

Zunächst stand eine andere, tiefgehende Begegnung bevor. Eine Erfahrung, die mich erneut herausfordern und vieles neu sortieren sollte: Die intensive Phase meines Lebens in der Gaudiya-Vaishnava-Tradition – besser bekannt als „Hare Krishna".

Teil III – Aufbruch zur Wahrheit – Der letzte Wegabschnitt

Kapitel 1: Die Ankunft im Namen Gottes – Krishna als Person

Meine Erkenntnis, dass es ohne einen personalen Gott keine Unsterblichkeit geben kann, war wie ein Paukenschlag – aber sie war noch keine Heimkehr. Es war, wie wenn man nach einem endlosen Marsch endlich den Horizont erreicht, nur um zu erkennen: Der Weg führt noch weiter. Ich hatte das Prinzip verstanden, aber nicht den Ort gefunden. Ich wusste, dass der Ursprung des Seins ein bewusstes, ewiges Individuum sein musste – ein göttliches „Ich Bin" – aber wer war dieser Gott? Wo und wie konnte ich ihm begegnen?

Zum Christentum hatte ich zu dieser Zeit noch keine Rückkehr gefunden. Zu tief saß meine Enttäuschung aus früheren Jahren. Ich war als junger Mann aus der katholischen Kirche ausgetreten, weil mir der Glaube, so wie er mir damals begegnete, zu kindlich erschien. Ich empfand ihn als naiv, weltfremd – und vor allem als heuchlerisch in seiner gelebten Praxis. Der Weg zurück war mir innerlich versperrt, trotz der wachsenden Ahnung, dass genau dort vielleicht die Antwort liegen könnte. Also kam es zu einem Umweg. Und dieser Umweg war, im Rückblick betrachtet, keine Irrfahrt – er war eine notwendige Station auf meinem Weg.

In dieser Phase stieß ich auf die Bücher von Armin Risi. Ein Schweizer, der selbst über viele Jahre hinweg Mönch in hinduistischen Klöstern gewesen war und der in seinen Werken mit großem Ernst, Tiefe und sprachlicher Präzision ein Gottesbild entwarf, das meiner eigenen neu gewonnenen Erkenntnis auf fast verblüffende Weise entsprach. Risi führte mich in eine spezielle Richtung innerhalb des Hinduismus ein – die Gaudiya-Vaishnava-Tradition, eine Form des Bhakti-Yoga, deren Zentrum ein transzendenter, personaler Gott ist: Krishna.

Krishna, so die Lehre dieser Tradition, ist die höchste Form des Göttlichen. Nicht nur ein Aspekt, nicht nur ein Avatar, nicht nur eine symbolische Kraft, sondern der Ursprung von allem – das absolute, ewige, vollkommen bewusste Individuum, das diese Welt aus sich heraus erschaffen hat, um seinen Geschöpfen die Möglichkeit zu geben, sich ihm in Liebe zuzuwenden. Und diese Beziehung ist keine bloße Allegorie, kein Gleichnis, sondern eine reale, lebendige Verbindung von Ich zu Ich – von einem ewigen Geschöpf zu seinem ewigen Schöpfer.

Risi verwies auf die ursprünglichen Quellen dieser Lehre: die Übersetzungen und Kommentare des indischen Lehrers A. C. Bhaktivedanta Swami Prabhupada, der in den 1960er Jahren von Indien in die USA ging und dort die ISKCON gründete – die Internationale Gesellschaft für Krishna-Bewusstsein, im Volksmund besser bekannt als „Hare-Krishna-Bewegung". Prabhupada hatte in einer immensen geistigen und organisatorischen Kraftanstrengung die wesentlichen Schriften dieser Richtung in englischer Sprache zugänglich gemacht – insbesondere die Bhagavad Gita, das spirituelle Herzstück des Hinduismus, in dem Krishna selbst – als Gott in Menschengestalt – seinem Schüler Arjuna die zentralen Lehren des Lebens, des Handelns und der Gottesbeziehung übermittelt.

Ich las diese Bücher mit großer Begeisterung – zuerst Risi, dann Prabhupada. Und ich fand hier zum ersten Mal ein geschlossenes, durchdachtes, gelebtes spirituelles System, das sich konsequent auf einen personalen Gott bezog. Alles kreiste um Krishna – den ewig liebenden Schöpfer, der sich seinen Geschöpfen in Gestalt und Lehre zu erkennen gibt und eine Beziehung zu ihnen anstrebt, die auf gegenseitiger, freier Liebe basiert. Ich war wie elektrisiert. Hier war nicht mehr die Rede von Auflösung und Verschmelzung in ein formloses, transzendentes „Etwas". Hier ging es um Beziehung, um Zuwendung, um Hingabe. Und vor allem: um ein personales Gegenüber.

In dieser Lehre war Gott nicht unnahbar, nicht jenseits aller Vorstellung, sondern er zeigte sich als liebender Herr, als Freund, als Vater, als Geliebter. Die vedischen Schriften schilderten, wie diese Beziehung zwischen Mensch und Gott verschiedene Formen annehmen kann – je nachdem, welche innere Haltung der Einzelne einnimmt. Die höchste dieser Formen ist die Liebesbeziehung zwischen Gott und dem Einzelnen, dargestellt im

Symbol des göttlichen Paares Radha-Krishna: Krishna als der ewige Gott, Radha als die ewige Seele, die sich ihm in völliger Hingabe zuwendet – in vollkommener Liebe, in unbedingter Treue.

Diese Bildsprache war zutiefst berührend – und zugleich tiefgründig. Denn sie bedeutete im Kern:
Du bist gemeint. Gott möchte DICH. Als Du. Nicht als Tropfen im Ozean, sondern als Person. Als Du-Selbst. Für immer.

Und damit wurde mir auch klar:
Die Freiheit, die uns gegeben ist, existiert genau aus diesem Grund: Weil Liebe ohne Freiheit nicht möglich ist. Keine erzwungene Liebe ist echte Liebe. Kein Gehorsam aus Angst ist Hingabe. Liebe ist freiwillig – oder sie ist gar nicht. Und diese Freiheit, sich Gott zuzuwenden oder sich von ihm abzuwenden, ist das kostbarste und zugleich gefährlichste Gut, das uns als Menschen gegeben ist.

Ich war begeistert. Ich war berührt. Ich war überzeugt.

Und so schrieb ich in der Folge das Buch:

„Gott ist Person! Warum es wichtig ist, Gott als ein ewiges, unveränderliches Individuum zu begreifen."

Im Klappentext brachte ich das zum Ausdruck, was ich selbst tief erfahren hatte: Dass Gott ein DU ist, dem wir als ICH begegnen können. Dass unser eigenes Bewusstsein, unser „Ich bin", nur dann Sinn ergibt, wenn es sich einem anderen „Ich bin" gegenüber weiß. Und dass dieser Andere, dieses ewige DU, uns nicht verschlingen, nicht auflösen, nicht entmenschlichen will – sondern dass er uns liebt.

Dass er uns schuf, weil er diese Liebe teilen wollte. Dass unser freier Wille der Raum ist, in dem diese Liebe Realität werden kann. Und dass genau das der Sinn unseres Lebens ist.

Diese Erkenntnis war eine Befreiung. Und sie war – so dachte ich damals – das Ende meiner Suche.

Ich war angekommen. Ich hatte den personalen Gott gefunden. Ich hatte verstanden, was

Freiheit, Liebe und Unsterblichkeit miteinander zu tun haben. Ich hatte gesehen, wie sehr alle anderen spirituellen Systeme an dieser einen, zentralen Wahrheit vorbeigingen.

Doch es sollte sich noch zeigen: Auch dieser Ort war nicht die letzte Station meines Weges. Aber bevor ich mich von dieser Lehre wieder löste – und mich schließlich dem Gott des Christentums zuwandte – lebte ich sie. Mit ganzem Herzen. Mit all meinem Wissen. Mit voller Überzeugung.

Reflexion:

In diesem Kapitel wird ein entscheidender Übergang sichtbar – der Übergang vom abstrakten Denken über Transzendenz hin zur konkreten Gottesbeziehung. Es ist der Moment, in dem sich eine neue Qualität des spirituellen Verstehens entfaltet: Gott wird nicht mehr als Prinzip, Idee oder kosmische Energie betrachtet, sondern als bewusstes DU, das dem eigenen ICH gegenübertritt. Diese Einsicht markiert einen Paradigmenwechsel, denn sie verleiht der gesamten bisherigen

Suche plötzlich Richtung, Ziel und einen personalen Sinn.

Die Gaudiya-Vaishnava-Tradition mit ihrem Zentrum in der Person Krishnas stellt ein einzigartiges spirituelles Angebot dar – gerade für westliche Suchende, die sich aus der Unbestimmtheit fernöstlicher Lehren nach Verbindlichkeit und Beziehung sehnen. Sie bietet nicht nur ein reiches theoretisches System, sondern auch eine tief erlebte Praxis, in der das Herz berührt und das Ich gemeint ist. Besonders faszinierend ist die Betonung der Freiheit: Nur durch sie kann wahre Liebe zwischen Gott und Mensch entstehen. Der Mensch steht hier nicht als passives Glied einer kosmischen Kette, sondern als aktives Gegenüber vor seinem Schöpfer – in Würde, in Verantwortung und in Liebe.

Diese Phase der Suche zeigt, wie wichtig es ist, nicht nur Erkenntnisse zu sammeln, sondern sie auch konkret zu leben. Denn erst im Vollzug spiritueller Praxis kann eine Lehre ihre innere Wahrheit entfalten – oder sich eben auch als begrenzt herausstellen.

Resümee:

Die Begegnung mit der Gaudiya-Vaishnava-Tradition war eine Offenbarung: Endlich ein Gottesbild, das den Menschen nicht verschluckt, sondern ihm in Liebe begegnet. In Krishna fand sich der ersehnte personale Gott – ein Du, das antwortet, liebt, ruft. Die vedische Theologie des Bhakti-Yoga offenbarte sich als geschlossene, symbolisch reiche und theologisch tiefgründige Struktur, in deren Zentrum der ewige Dialog zwischen Schöpfer und Geschöpf steht.

Die Erkenntnis: Der Mensch ist kein Tropfen, der ins Meer zurückfällt, sondern eine ewige Person, die geliebt wird – und die zu lieben vermag. Diese Einsicht wurde zu einer tiefen, innerlich bejahten Wahrheit. Alles schien erfüllt.

Doch wie jede wichtige Station auf einem langen Weg, war auch diese nicht das Ziel – sondern ein weiterer notwendiger Schritt hin zur endgültigen Heimkehr.

Kapitel 2: In der Gegenwart Krishnas – Der gelebte Weg des Bhakti

Nachdem ich über Jahre hinweg Bücher gelesen, Lehren verglichen und spirituelle Konzepte hinterfragt hatte, war nun der Moment gekommen, in dem ich das, was ich über den personalen Gott gelernt hatte, auch praktisch erleben und erfahren wollte. Theorie allein genügte nicht mehr. Ich wollte wissen, wie es sich anfühlt, Gott zu dienen – nicht als Idee, sondern als Gegenwart. Und genau das versprach mir der gelebte Bhakti-Yoga des Gaudiya Vaishnavatums, der Weg der liebevollen Hingabe an Krishna.

Ich suchte nach einem Ort, an dem diese Praxis authentisch gelebt wurde – und fand ihn im kleinen Ort Abentheuer, versteckt im Hunsrück, unweit von Trier. Dort liegt ein ganz besonderer Tempel der Hare-Krishna-Bewegung: Goloka Dhama. Ein alter, aus schweren Steinen gebauter Gutshof, umgeben von Wald, Wiesen und einem plätschernden Bach – abgeschieden, friedlich, fast zeitlos. Schon beim ersten Besuch empfand ich diesen Ort als heilig. Nicht bloß als architektonisches Ensemble, sondern als einen realen Berührungspunkt mit dem Göttlichen.

Ich hatte mich zu einem einwöchigen Seminar mit dem bekannten Lehrer Sacinandana Swami angemeldet – einem charismatischen, tief verwurzelten Mönch, der es wie kaum ein anderer verstand, die spirituelle Tiefe des Krishna-Bewusstseins lebendig zu machen. Und bereits beim ersten Betreten des Tempelraums wusste ich: Ich bin hier an einem besonderen Ort. Nicht im symbolischen Sinn – sondern im wörtlichen.

Denn in der Tradition des Gaudiya Vaishnavatums gilt: Gott ist in seinen heiligen Gestalten tatsächlich gegenwärtig. Die prachtvoll gekleideten und geschmückten Statuen von Krishna, Radha und ihren göttlichen Begleitern sind nicht bloß Abbilder, nicht bloß Kunstwerke – sie sind Träger der göttlichen Gegenwart. Krishna, so die Lehre, sendet aus Liebe zu seinen Devotees einen Teil seiner Energie in diese Formen, um ihnen nahe zu sein. Der Tempel ist also nicht nur ein Ort des

Gedenkens – er ist ein Ort realer göttlicher Anwesenheit.

Ich trat barfuß ein, verneigte mich, berührte mit der Stirn den Boden. Es war nicht einfach ein ritueller Akt, sondern eine Geste tiefen Respekts – so wie man sich vor einem König verneigt. Denn ich wusste: Wenn diese Lehre wahr ist, stand ich jetzt wirklich vor dem lebendigen Gott.

In den kommenden Tagen lernte ich viel – nicht nur durch Vorträge und Gespräche, sondern vor allem durch gelebte Praxis:

- Kirtan – die hingebungsvolle Musik, bei der heilige Gottesnamen in ekstatischem Gesang wiederholt werden

- Mantra-Meditation – das stille oder halblaute Chanten des „Maha-Mantra", unterstützt durch eine Gebetskette mit 108 Perlen

- Arati – die kunstvollen, täglichen Verehrungszeremonien mit Licht, Wasser, Blüten und Düften

- Bhagavad-Gita-Lesungen, Gruppenmeditationen, Gespräche in der Ashramküche bei einfacher, aber köstlicher Speise – alles war durchdrungen von einem Geist der Hingabe, der Freude, der inneren Klarheit.

Besonders das Maha-Mantra wurde zum Zentrum meiner Praxis:

„Hare Krishna, Hare Krishna, Krishna Krishna, Hare Hare - Hare Rama, Hare Rama, Rama Rama, Hare Hare"

Dieses Mantra, das die Namen Gottes anruft, galt als direkter Weg zur Verbindung mit Krishna. Es war keine magische Formel, sondern ein Ausdruck reiner Hinwendung. Die ernsthaften Anhänger wiederholten es täglich knapp 2.000 Mal – nicht aus Zwang, sondern aus Liebe. Auch ich begann, dieses Mantra regelmäßig zu rezitieren – manchmal linkisch und suchend, aber stets mit Ernsthaftigkeit.

In dieser Zeit hatte ich das Gefühl, Gott sei ganz nah. Ich schrieb Texte über diese Erfahrung, vertiefte mich weiter in die Schriften von Swami Prabhupada und versuchte, das, was ich dort fand, nicht nur zu verstehen, sondern zu leben. Auch zuhause führte ich mein spirituelles Leben weiter, und wann immer es möglich war, reiste ich zurück nach Goloka Dhama oder besuchte andere Tempel der Hare-Krishna-Gemeinschaft.

Ein Ort aber war ganz besonders eindrücklich: Radhadesh, ein Krishna-Zentrum in einem Schloss in den belgischen Ardennen. Auch dort fühlte ich die gleiche Präsenz, die gleiche Reinheit – einen Hauch von Ewigkeit. Für eine Zeit lang dachte ich wirklich: Hier bin ich angekommen. Hier lebt Gott. Hier ist der Ort, an dem ich ihm dienen und ihn verehren kann. Hier finde ich Frieden.

Aber der Weg war noch nicht zu Ende.

Reflexion:

Dieses Kapitel markiert eine bedeutsame Phase auf dem Weg der Suche: den Schritt vom Verstehen zum Erleben. Nach Jahren des Denkens, Lesens und Reflektierens wird hier die geistige Erkenntnis erstmals in rituelle, körperliche, praktische Erfahrung übersetzt. Das war ein notwendiger Schritt – denn Erkenntnis, die sich nicht auch im Leben, in Handlung und Gefühl manifestiert, bleibt abstrakt. In Goloka Dhama und später in Radhadesh verdichtete sich das, was zuvor nur begriffen worden war, zur spirituellen Wirklichkeit: Die Gegenwart Gottes wurde spürbar.

Dabei wird eine zentrale Einsicht deutlich: Religion ist nicht Theorie, sondern Beziehung. Und Beziehung kann nicht ohne Praxis gelebt werden. Der Bhakti-Yoga des Gaudiya Vaishnavatums bot einen Rahmen, in dem Gott als Gegenüber real erfahrbar wurde – durch Musik, Gebet, Mantra und Gemeinschaft. Es war nicht nur ein philosophisches System, sondern eine spirituelle Lebensform, die Körper, Geist und Herz einbezog.

Zugleich zeigte sich aber auch schon in dieser Phase etwas Wesentliches: Es genügt nicht, eine Praxis zu übernehmen – sie muss im Innersten resonieren. Der Intellekt kann sich einverstanden erklären, das Herz aber muss zustimmen. Und das geschieht nicht durch

äußere Form, sondern durch innere Überein-
stimmung. Diese Spannung – zwischen Echt-
heit und Aneignung – durchzieht das ganze
Kapitel leise, aber spürbar. Und sie bereitet
die spätere Loslösung bereits vor.

Resümee:

Mit dem Eintritt in die praktische Welt des
Bhakti-Yoga beginnt eine neue Etappe auf
der Suche nach Gott. Nicht mehr nur Denken,
sondern Tun – nicht mehr nur Verstehen, son-
dern Verehren. Die Tempel Goloka Dhama
und Radhadesh wurden zu Orten lebendiger
Gotteserfahrung. Der tägliche Kontakt mit Ri-
tual, Mantra und spiritueller Gemeinschaft
verlieh der Erkenntnis vom personalen Gott
eine konkrete, erfahrbare Form.

Für einen Moment schien alles zusammenzu-
fallen: Theorie, Praxis, Gefühl. Die Nähe zu
Krishna war real, greifbar, tröstlich. Der Weg
schien gefunden.

Und doch kündigte sich, fast unmerklich, ein
inneres Ungleichgewicht an – ein zarter Zwei-
fel, der noch keine Worte hatte, aber bereits

seinen Schatten warf. Denn der Glaube, so le-
bendig er auch war, war nicht organisch ge-
wachsen – er war übernommen, angenähert,
erarbeitet. Nicht von innen heraus geboren.

Der Weg war schön – aber noch nicht zu
Ende.

Kapitel 3: Die Erkenntnis am Rand des Tempels – Trennung in Frieden

Es war alles vorbereitet für ein spirituelles Hochfest. Der Tempel Goloka Dhama im Hunsrück war geschmückt, die Figuren von Krishna und Radha in prachtvolle Gewänder gehüllt, die Atmosphäre erfüllt von Musik, Weihrauch und der stillen Vorfreude hunderter Devotees. Menschen aus vielen Ländern waren angereist, um an diesem mehrtägigen Kirtan-Festival teilzunehmen – ein Fest der Lieder, der Anrufung, der Hingabe. Auch ich war dabei, voller Erwartung, voller Dankbarkeit. Ich hatte diesen Ort oft besucht, ich kannte das Ritual, ich kannte die Menschen – und doch sollte dieses Fest ganz anders werden als alle davor.

Ich saß am Rande des dicht gefüllten Tempelraums, barfuß auf dem Boden, zwischen meditierenden und tanzenden Gläubigen. Neben mir eine indische Familie, mit der ich mich in den Tagen zuvor angefreundet hatte. Ein Mann, seine Frau und zwei Töchter. Wir hatten beim Essen gesprochen, Spaziergänge durch die umliegenden Wiesen gemacht, gelacht, gebetet, diskutiert. Sie waren tief verwurzelt im Krishna-Glauben, mit voller Seele. Nicht akademisch, nicht analytisch – sondern aus dem Herzen heraus. Krishna war für sie kein Thema – er war ein Teil ihres Wesens.

Und plötzlich, inmitten dieser vollkommenen Szene – den rhythmischen Klängen der Tablas, den Zimbeln, den Mantragesängen, dem Duft des Sandelholzes – wurde mir etwas mit großer Wucht klar: Ich bin hier nicht zu Hause. Nicht wirklich. Nicht innerlich. Nicht in der Tiefe.

Ja, ich verstand viel – wahrscheinlich mehr als viele der Anwesenden. Ich kannte die Philosophie, hatte zahllose Bücher gelesen, verstand die vedische Symbolik, das theologische System, die Feinheiten des Bhakti-Yoga. Aber genau in diesem Moment, als ich den Vater der Familie aus Indien neben mir singen sah, mit geschlossenen Augen, den Tränen nah, das Herz geöffnet, die Hände gefaltet – wurde mir klar: Ich verstand – aber er glaubte. Er fühlte. Er war von Kindheit an in diese Liebe hineingewachsen. Krishna war sein innerstes Zuhause. Für ihn war die Religion keine Entscheidung – sie war eine Gewissheit. Für mich war sie immer ein Weg über das Denken gewesen. Und genau darin lag der Unterschied.

Diese Erkenntnis traf mich nicht wie ein Schock. Es war kein Moment des Zweifels oder der Ablehnung. Es war ein Moment der tiefen Ehrlichkeit. Ich spürte: Meine Suche hatte mich hierhergeführt, und ich hatte aufrichtige und tiefe Erfahrungen gemacht. Aber ich war nicht angekommen. Ich hatte nicht gefunden, wonach ich im Innersten suchte.

Und dann, wie durch eine stille innere Stimme geleitet, tauchte aus der Tiefe meiner Seele ein Bild auf, das ich lange vergessen hatte – oder besser: das ich viele Jahre nicht ernst genommen hatte. Das Bild meiner Kindheit. Wie meine Mutter mit mir vor einer Marienstatue stand. Wie wir gemeinsam beteten. Wie ich die Heiligenbilder betrachtete, die Engel mit Flügeln, die Stille in der Kirche, den leisen Gesang, das Kreuz.

Plötzlich wusste ich: Ich muss zurück.

Nicht einfach „zurück" zu einem kulturellen Erbe oder einer vertrauten Form. Nein, es war mehr. Es war das Empfinden: Dort, in dieser Welt, die ich vor Jahrzehnten verlassen hatte, liegt mein Ursprung. Dort liegt meine wahre geistige Heimat. Und von dort her ruft mich mein Gott zurück – der Gott meiner Kindheit, der Gott meiner Seele.

Am Abend dieses Tages verließ ich den Tempel Goloka Dhama. Ich nahm nichts mit außer dieser klaren, inneren Gewissheit: Mein Weg führt weiter – aber nicht hier. Ich kehrte in Frieden zurück in mein weltliches Leben, mit Dankbarkeit im Herzen. Ich war nicht enttäuscht, nicht verletzt, nicht verbittert. Ich war einfach nur ehrlich mit mir selbst. Und frei.

Einige Jahre später führte mich eine Reise nach Indien, unter anderem nach Vrindavan, dem heiligsten Ort der Krishna-Verehrung, der als irdische Heimat Krishnas gilt. Ich besuchte den berühmten Sri-Sri-Krishna-Balaram-Tempel der ISKCON. Ich beobachtete die Menschen, ihre Freude, ihre Tränen, ihre Hingabe. Es war eindrucksvoll, bewegend –

und doch blieb ich innerlich seltsam unberührt.

Nicht, weil es falsch war. Sondern weil ich meinen Weg gegangen war – und inzwischen ein neues Kapitel für mich begonnen hatte.

Reflexion:

Dieses Kapitel zeigt die wohl ehrlichste Entscheidung einer langen spirituellen Reise: die Einsicht, dass nicht jedes Ziel, das man erreicht, auch das endgültige Ziel ist. Dass man einen Ort lieben, schätzen, achten – und dennoch erkennen kann, dass man dort nicht bleiben kann. Die Trennung geschieht nicht aus Widerstand oder Rebellion, sondern aus innerem Frieden. Aus Klarheit. Und aus einem intuitiven Verstehen, dass Wahrheit nicht nur intellektuell erkannt, sondern auch seelisch bewohnt werden will.

Die Gegenüberstellung von innerem und äußerem Glauben wird hier besonders deutlich. Die religiöse Tiefe der indischen Familie steht nicht im Widerspruch zum eigenen Ringen um Wahrheit – aber sie führt zu einer

Erkenntnis: Spirituelle Tiefe entsteht nicht durch Wissen allein, sondern durch Verwurzelung, durch ein inneres Hineinwachsen, das nicht nur den Verstand, sondern das ganze Wesen umfasst. Der Abschied aus dem Tempel ist daher kein Scheitern, sondern ein Akt der Reife – und ein Akt der Demut vor der Wahrheit des eigenen Weges.

Resümee:

Am Rand eines Festes – umgeben von Musik, Gebet und Hingabe – vollzieht sich eine leise, aber endgültige Wende. Der Abschied von der Hare-Krishna-Tradition ist kein Bruch, sondern eine ehrliche Einsicht: Ich bin nicht hier zu Hause. Ich bin Gast geblieben – respektvoll, dankbar, berührt – aber nicht angekommen.

Die Rückbesinnung auf das Bild der Kindheit, auf die Marienstatue, auf die früheste Gotteserfahrung, öffnet eine neue Tür. Sie führt zurück – aber nicht in die Vergangenheit, sondern nach vorn: zum Ursprung, der zugleich das Ziel ist.

Der Weg der Erkenntnis mündet in eine neue Art des Wissens: nicht mehr gesucht, sondern geschenkt. Nicht erarbeitet, sondern erinnert. Und so endet diese Etappe – nicht mit einem Umsturz, sondern mit einem Aufbruch im Frieden.

Kapitel 4: Die Rückkehr: Ein äußerer Schritt mit innerer Bedeutung

Wie kommt man zurück in eine Religion, in die man zwar hineingeboren wurde, die man aber vor Jahrzehnten verlassen hat – und um die man sich seither kaum gekümmert hat? Die Antwort ist überraschend einfach – zumindest äußerlich betrachtet.

Ich erkundigte mich, welche katholische Gemeinde in Hamburg für meinen Wohnsitz zuständig war, und vereinbarte einen Gesprächstermin mit dem dortigen Priester. Bereits wenige Tage nachdem ich den Krishna-Tempel in Abentheuer mit einer tiefgreifenden inneren Erkenntnis verlassen hatte, saß ich diesem Priester gegenüber und sprach klar und bestimmt aus, was in mir gereift war: „Ich möchte wieder in die katholische Kirche eintreten."

Das folgende Gespräch war freundlich und sachlich. Der Priester erkundigte sich nach den Gründen für meinen früheren Austritt und nach dem, was mich nun zur Rückkehr veranlasste. Ich gab ihm eine knappe, eher oberflächliche Erklärung – nicht, weil ich etwas verbergen wollte, sondern weil meine Entwicklung in ihrer Tiefe und Komplexität den Rahmen dieses Gesprächs weit gesprengt hätte. Außerdem: Für den Priester spielte all das keine entscheidende Rolle.

Ich hatte meine Taufurkunde mitgebracht. Der Priester sah den Beleg meiner Kindertaufe – und stellte fest, was für ihn theologisch selbstverständlich war: Ich hatte die Kirche zwar formal und organisatorisch verlassen, geistlich aber war ich nie wirklich ausgetreten. Denn mit der Taufe, so erklärte er mir, wird ein Mensch einmal und unwiderruflich in die Gemeinschaft der Kirche aufgenommen. Diese geistliche Realität kann durch keinen weltlichen Akt aufgehoben werden.

Der eigentliche Wiedereintritt war daher eher symbolisch: ein kurzer Ritus mit einem Gebet, einem Zeugen und der offiziellen Erklärung, dass ich in den Schoß der Kirche zurückkehren wolle – mitsamt der Bitte um Vergebung für meinen früheren Austritt und meine lange Abwesenheit. Und mit der

Zusage der Kirche, mich wieder willkommen zu heißen.

Innerhalb von zwei Wochen war alles vollzogen. Ich war wieder Katholik. Ich gehörte wieder zu einer Kirchengemeinde.

Diese Rückkehr war ein Schritt, der von Freude begleitet war – aber nicht von tiefen Emotionen. Es war kein Moment der Ergriffenheit, kein dramatischer innerer Durchbruch. Vielmehr war es ein bewusster, ruhiger Schritt. Der Anfang eines neuen Abschnitts, von dem ich wusste: Jetzt beginnt etwas. Aber was es wirklich war – das sollte sich erst allmählich zeigen.

Ich begann damit, das kirchliche Leben in meiner Heimatstadt neu zu erkunden. Ich besuchte katholische und evangelische Kirchen, nahm an Gottesdiensten und Messen teil, verglich Liturgien, Predigten, Formen und Stimmungen. Vieles kannte ich noch aus meiner Kindheit, anderes war neu, überraschend, manchmal auch irritierend. Ich sog alles auf – nicht als distanzierter Beobachter, sondern mit echtem Interesse. Ich wollte verstehen, wollte mich hineinfinden, wollte neu begreifen, was es heißt, Christ zu sein.

Hilfreich waren mir auch Veranstaltungen und Kurse, die von den Gemeinden angeboten wurden. Dort wurden sowohl praktische Aspekte des kirchlichen Lebens vermittelt als auch die zentralen Glaubensinhalte neu erklärt. In dieser Zeit lernte ich meine Religion noch einmal neu – diesmal als Erwachsener, aus freiem Entschluss und mit wachem Geist.

Und wie immer, wenn ich mich ernsthaft einem Thema widmete, las ich viel. Die Bibel natürlich. Den katholischen Katechismus, das Regelwerk der katholischen Glaubenspraxis. Aber auch zahlreiche Bücher moderner und klassischer Autoren: Michael Hesemann mit seinen klaren, faktenreichen Darstellungen christlicher Geschichte; Dr. Alma von Stockhausen mit ihrer scharfsinnigen Kritik an der Reformation; Roy Schoeman, ein jüdischer Konvertit, der bewegend von seiner Bekehrung zum Christentum berichtete.

Ich verschlang Buch um Buch, durchforschte die Gedankenwelt meiner wiederentdeckten

Religion – und spürte, dass ich allmählich heimisch wurde. Innerlich wuchs in mir ein neues Zugehörigkeitsgefühl. Nach rund zwei Jahren konnte ich ehrlich sagen: Ich bin wieder Christ. Und zwar nicht nur auf dem Papier, sondern in meinem Denken, Fühlen und Handeln.

Und doch – wenn man diesen Abschnitt meines Weges mit früheren Etappen vergleicht, fällt etwas auf: Ich habe bisher wenig gesagt über meine innere Gefühlslage in Bezug auf das Christentum, über meine seelische Beziehung zu Jesus Christus und zu seiner Kirche.

Das ist eigentlich untypisch für mich.

Warum also diese Zurückhaltung? Bin ich innerlich unberührt geblieben? Ist das Christentum für mich bloß ein intellektueller Entschluss, eine rationale Entscheidung?

Nein. Ganz sicher nicht.

Aber etwas war anders. Etwas Entscheidendes fehlte – und ich wusste noch nicht genau, was es war.

Reflexion und Resümee:

Der formale Wiedereintritt in die katholische Kirche war ein sichtbarer, klarer Schritt – aber er war nur der Beginn einer tieferen inneren Bewegung. Die Rückkehr in eine religiöse Struktur, in eine jahrtausendealte Institution, ist leicht zu vollziehen – wenn man will. Aber die Rückkehr ins eigentliche Herz des Glaubens, in die lebendige Beziehung zu Gott – das ist ein Prozess, der Geduld, Tiefe und Ernsthaftigkeit verlangt.

Dieses Kapitel markiert nicht das Ziel, sondern den Anfang der Heimkehr. Die Entscheidung war gefallen – jetzt musste sie gelebt werden. Schritt für Schritt. In einer Welt, in der viele Religion nur noch als kulturellen Rahmen begreifen, suchte ich nach dem inneren Kern: nach der Gegenwart Gottes im Hier und Jetzt.

Die Frage nach dem persönlichen Ergriffen-
sein war gestellt – aber sie war noch nicht be-
antwortet.

Die Reise ging weiter.

Kapitel 5: Zwischen Intellekt und Transzendenz

Ist das Christentum für mich nur eine intellektuelle Angelegenheit? Eine verstandesmäßige Entscheidung, ohne innere Beteiligung, ohne Herz, ohne Ergriffenheit?

Nein. Ganz und gar nicht.

Und doch — ich muss ehrlich sagen: Die christlichen Kirchen in ihrer heutigen Erscheinungsform machen es einem nicht leicht, sich emotional angesprochen zu fühlen. Die Praxis des gelebten Glaubens — so wie sie heute in Europa, und in Deutschland ganz besonders, gepflegt wird — ist über weite Strecken intellektualisiert. Sie berührt den Kopf, selten aber die Seele. So empfand ich es zumindest, nachdem ich eine Weile an vielen kirchlichen Veranstaltungen teilgenommen hatte.

Das gilt in besonderem Maße, aber nicht nur für die evangelische Kirche und ihre freikirchlichen Ableger, sondern zunehmend auch für die katholische Kirche. Liturgisch ist letztere oft noch etwas feierlicher, farbiger, symbolischer. Die Form erscheint mir würdiger. Aber das, was sich im Innersten abspielen sollte – die seelisch-geistige Hinwendung zu Gott – bleibt auch hier oft verborgen oder ganz aus.

In den Gottesdiensten, den Gebeten, den Predigten herrscht ein Ton sachlicher Nüchternheit. Ich empfinde das als eine gewisse Distanz zur Transzendenz. Wer aufrichtige spirituelle Erfahrung sucht – jene innere Bewegung, die das Herz erschüttert und den Geist erhebt – der wird in der institutionalisierten Form des heutigen Christentums, meiner Meinung nach, kaum fündig.

Natürlich, ich will niemandem zu nahetreten. Ich bezweifle nicht, dass sich viele der dort versammelten Menschen aufrichtig mit Gott verbunden fühlen. Nur: Diese Verbindung bleibt fast immer unsichtbar. Sie drückt sich nicht aus, sie zeigt sich nicht, sie bleibt diskret. Es gibt keine ekstatische Freude, keine Tränen der Hingabe, keine sichtbare Berührung durch das Göttliche. Es herrscht die Haltung: Glaube – ja, aber bitte dezent. Würdevoll. Innerlich. Unhörbar.

Für jemanden wie mich, der auf seinem spirituellen Weg vieles erlebt hat – direkte, greifbare spirituelle Erfahrungen, Momente tiefer Ergriffenheit, transzendente Präsenz – ist das überraschend und ernüchternd. Ich erinnere mich an all die Stationen meines Lebens, die mit spiritueller Tiefe und Intensität erfüllt waren: an die tief beeindruckenden Kurse und Auditing-Erlebnisse in der Hamburger Organisation ganz zu Beginn meiner Reise, an Castanedas atemberaubende Visionen, an die tiefen Prozesse der Reinkarnationstherapie, an die spirituelle Kraft von Mutter Meera, an das weiße Tantra mit Yogi Bhajan, an die ergreifenden Erfahrungen mit Swami Hariharananda, an die liebevolle Wucht von Amma, an die Ekstase der Krishna-Verehrung in Goloka Dhama.

Im Vergleich dazu erschien mir das heutige Christentum wie ein kunstvoll gerahmtes Bild – aber das Licht war aus.

Und dennoch: Ich war nicht enttäuscht. Denn ich hatte längst verstanden, dass das, was ich suchte, innerhalb der institutionellen Oberfläche der Kirche kaum zu finden war. Ich wusste, dass ich tiefer graben musste. Und ich wusste: Es liegt an mir, mein Gebetsleben so zu gestalten, dass ich Gott wirklich begegne.

So fand ich zurück zu einer alten, ehrwürdigen Form des katholischen Gebets: dem Rosenkranz.

Diese Gebetsform, jahrhundertealt, ist nicht spektakulär – aber sie ist tief. Mit einer Perlenkette – dem Rosenkranz – betet man strukturiert und kontemplativ: das Glaubensbekenntnis, das Vaterunser, das Ave Maria. Dazwischen weitere Gebete in einer festgelegten Reihenfolge. Ganze fünfmal zehn Ave Maria, unterbrochen von Vaterunsern und Einfügungen. Ein ganzer Rosenkranz dauert etwa eine halbe Stunde.

Ich begann, täglich zu beten. Allein, zuhause. Oder in einer kleinen Gruppe in der Kirche. Man betet dort reihum, Gebet für Gebet, wie in einem spirituellen Kreis, verbunden durch den gleichen Rhythmus, durch die gleiche Bitte, durch die gleiche Hingabe.

Der Rosenkranz ist ein Gebetsform die sich an Maria richtet – die Mutter Gottes, die in der katholischen Tradition eine herausragende Stellung einnimmt. Für viele Protestanten ist das ein Problem. Sie sehen darin eine Art Götzenverehrung. Doch das ist ein Missverständnis.

Maria wird nicht angebetet. Sie wird verehrt, geehrt, geliebt – als Wegbereiterin, als Fürsprecherin, als geistige Mutter. Die Kirche nennt sie: „Mediatrix omnium gratiarum" – die Vermittlerin aller Gnaden. Wer sich ihr zuwendet, wendet sich nicht von Christus ab – im Gegenteil. Er lässt sich von ihr zu ihm führen. Denn wer Jesus wirklich finden will, muss – so lehrt es die katholische Tradition – Maria nicht übergehen.

Ich selbst habe diese tiefe Hinwendung zu Maria sehr bewusst gesucht. Ich bat sie um Führung, um Schutz, um Rat. Und ich spürte: Sie ist da. Nicht im äußeren Glanz. Nicht in Wort oder Wunder. Aber in der Stille meines Herzens. In den kleinen Fügungen des Alltags. In der Art, wie sich mein Weg weiter entfaltete.

Diese neue Verbindung wurde zur Kraft-quelle. Und sie wurde der erste Schritt zu einer inneren Erfahrung des Christentums, die nicht nur aus Büchern, Messen und Dogmen bestand – sondern aus Beziehung. Aus Berührung. Aus Liebe.

Reflexion und Resümee:

Die moderne Kirche tut sich schwer mit der Transzendenz. Und das ist tragisch – denn genau sie ist es, die den Glauben lebendig macht. Liturgie ohne Anbindung bleibt Ritual. Lehre ohne Ergriffenheit bleibt Theorie.

Für mich war das Christentum zu Beginn eine Rückkehr in die Struktur, nicht in die Ergriffenheit. Aber durch das Gebet – und insbesondere durch den Rosenkranz – begann sich etwas zu öffnen. Ich erinnerte mich an das, was ich früher gesucht hatte: nicht Erklärungen, sondern Erfahrung. Nicht bloß Wissen, sondern Begegnung.

Und ich erkannte: Der Weg in die Tiefe führt heute nicht durch Programme und Predigten

— sondern durch gelebte Hingabe. Und Maria war die erste, die mir die Tür öffnete.

Kapitel 6: Heimkehr in die lebendige Tradition

Es ist ein weitverbreitetes Missverständnis, dass katholische Christen die Heilige Jungfrau Maria „vergöttlichen". Diese Behauptung hält sich hartnäckig – und sie ist schlicht falsch.

Um dem etwas entgegenzusetzen, habe ich ein kleines Buch geschrieben: „Die Verehrung der heiligen Jungfrau Maria. Ein Leitfaden zum Verständnis der Gottesmutter, für reformierte Christen und Andersgläubige." Es soll helfen, die Rolle Marias zu erklären – nicht nur theologisch, sondern auch existenziell: als Mutter, als Fürsprecherin, als geistige Begleiterin. Für viele Gläubige – auch für mich – ist sie das Tor, durch das man zu Christus gelangt.

Denn genau so habe ich sie erlebt: als Führerin. Schritt für Schritt, leise, aber klar, lenkte sie meinen Weg zurück zu Jesus Christus – und damit zurück zur Heiligen Kirche.

Zunächst zeigte sie mir, dass es innerhalb der Kirche mehr gibt als das, was heute als „Mainstream-Katholizismus" erscheint. Es gibt Orte, an denen die ursprüngliche Tiefe und Würde des Glaubens noch lebendig ist – Orte, an denen Liturgie nicht entkernt, sondern erhoben wird; an denen das Sakrale nicht verwässert, sondern gefeiert wird.

So entdeckte ich die traditionellen Priesterbruderschaften – vor allem die Bruderschaft St. Pius X und die Priesterbruderschaft St. Petrus. Diese und andere traditionelle Gemeinschaften feiern die Heilige Messe in der überlieferten Form, im tridentinischen Ritus, in der liturgischen Sprache der Kirche: Latein. Und sie tun dies nicht aus Nostalgie – sondern aus tiefer Überzeugung.

Ich erinnere mich noch sehr gut an meine erste Teilnahme an einer solchen Messe. Schon beim Betreten des Kirchenraums wurde mir klar: Hier ist etwas anders. Etwas wahrhaft Heiliges. Die Architektur, die Stille, der Weihrauch, der Chor – und dann der Priester, in schweren Brokatgewändern, umgeben von Ministranten, die ehrfürchtig ihre

Dienste verrichteten. Keine Bühne, keine Show. Kein „Wir-Gefühl" im Sinne einer Versammlung netter Leute. Sondern: ein Ritus. Ein Opfer. Ein heiliger Akt, vor Gott.

Und als es schließlich zur heiligen Wandlung kam, zu dem Augenblick, in dem Brot und Wein durch die Kraft der Wandlungsworte in Leib und Blut Christi übergehen – da war es da: das Wunder. Die Gegenwart. Die Transzendenz.

Ich kniete vor dem Altar, empfing die Heilige Hostie auf die Zunge, aus den Händen des Priesters. Und ich wusste: Jetzt bin ich daheim. Im Zentrum. Am Ziel. In der Religion meiner Kindheit – aber nun mit geöffneten Augen, mit gereiftem Herzen.

Dieses Erlebnis war nicht einfach eine schöne Feier. Es war eine Verwandlung. Und es war nur möglich, weil ich bereit war, mich führen zu lassen. Weil ich Maria um Hilfe gebeten hatte – und sie mir tatsächlich geholfen hat.

Aber sie hat mir nichts einfach so geschenkt. Ich musste mir diesen Weg erarbeiten. Ich musste durchhalten, auch durch die Dürrezeiten der modernen Kirche hindurch. Ich musste zeigen, dass ich es ernst meine. Dass ich wirklich zurückwill. Dass ich die Wahrheit suche – nicht nur die Nähe, sondern die Tiefe. Nicht nur Trost, sondern Wahrheit.

Und so wurde mir die Erfahrung der lebendigen Liturgie, der alten Messe, der echten Sakramente zum Tor in ein neues, tiefes Christentum. Eines, das nicht nur Form, sondern Inhalt hat. Nicht nur Worte, sondern Wirklichkeit.

In diesen traditionellen Gemeinden werden auch die sieben Sakramente noch in ihrer ganzen Fülle und Ernsthaftigkeit gefeiert und gelebt:

Die Taufe, als Eintritt in das Leben mit Gott.

Die Firmung, als bewusste Stärkung des Glaubens.

Die Eucharistie, als Vereinigung mit Christus.

Die Beichte, als Weg zur Reinigung.

Die Ehe, als sakramentales Band.

Die Priesterweihe, als Berufung in den Dienst Gottes.

Die Krankensalbung, als Trost und Stärkung in Krankheit und Tod.

All das – nicht symbolisch, sondern real. Nicht metaphorisch, sondern sakramental. Nicht menschengemacht, sondern göttlich gestiftet.

Und mittendrin: Maria.

Die Kirche nennt sie mit Recht die „Vermittlerin aller Gnaden". Was heißt das? Es heißt: Sie ist nicht die Quelle. Aber sie ist die Brücke. Sie ist nicht Gott – aber sie bringt uns zu ihm. Sie ist nicht das Ziel – aber sie kennt den Weg. Und sie geht ihn mit uns.

Sie ging ihn auch mit mir. Und als ich das verstand, wuchs in mir der Wunsch, ihr zu danken. Sie nicht nur im Gebet zu ehren – sondern sie an jenen Orten aufzusuchen, an denen sie selbst sichtbar geworden ist: Fatima,

Lourdes, Rom – und schließlich: das Heilige Land.

Reflexion und Resümee:

Dieses Kapitel meines Weges war keine bloße Rückkehr zur Religion – es war ein Eintritt in ihre Tiefe.

Die moderne Kirche leidet daran, dass sie ihre spirituellen Wurzeln verloren hat und damit ihre Anbindung an die Transzendenz. Aber wer diese Wurzeln sucht, wird sie finden. Nicht im Zeitgeist – sondern in der Ewigkeit. Nicht in der Anpassung – sondern in der Treue. Nicht im Dialog – sondern im Opfer.

Und wer sich von Maria führen lässt, wird nicht fehlgehen. Denn sie führt – immer – zu ihrem Sohn.

Kapitel 7: Im Licht der Gottesmutter: Fatima und Lourdes

Es war nur folgerichtig, dass meine neu entflammte Beziehung zur Heiligen Jungfrau Maria mich irgendwann an jene Orte führen musste, an denen sie selbst erschienen ist. Orte, an denen der Himmel sich geöffnet hat – sichtbar, hörbar, greifbar – für jene, die Augen zu sehen und ein Herz zu fühlen haben.

Fatima – Die Stille, die von Gott spricht

Meine erste Pilgerreise führte mich nach Fatima. Dieser kleine Ort, etwa hundert Kilometer nördlich von Lissabon im portugiesischen Hinterland gelegen, wurde 1917 zum Schauplatz eines der bedeutendsten marianischen Ereignisse der Kirchengeschichte. Dort erschien die Heilige Jungfrau drei Hirtenkindern – Lúcia, Jacinta und Francisco – über mehrere Monate hinweg, jeweils am 13. eines Monats.

Bei der letzten Erscheinung am 13. Oktober waren zehntausende Gläubige zugegen, als sich das berühmte Sonnenwunder ereignete

– ein übernatürliches Schauspiel, das selbst von säkularen Journalisten bezeugt wurde.

Ich reise mit einer katholischen Pilgergruppe dorthin und wohnte in einem Hotel unweit der Erscheinungsstätte. Was ich erlebte, war mehr als eine Reise. Es war eine innere Erschütterung – eine zarte, stille Bewegung der Seele.

In der weiten Esplanade vor der Basilika, bei den international gestalteten Rosenkranzgebeten, in der nächtlichen Lichterprozession mit vielen Tausend brennenden Kerzen – überall war ein tiefes Gefühl der Gegenwart spürbar. Nicht diffus oder unbestimmt. Sondern klar. Mütterlich. Führend.

Ich fühlte mich der Gottesmutter in diesen Tagen näher als je zuvor. Ihre Nähe war kein Gefühl, sondern eine stille, durchdringende Gewissheit. Fatima ist kein Ort, der sich aufdrängt – Fatima zieht. Es ist ein Ort der Sammlung, der leisen Stimme, des inneren Rufes. Wer ihn vernimmt, wird ihn nie wieder vergessen.

Lourdes – Das Fest der gelebten Hingabe

Die nächste Reise führte mich nach Lourdes, tief in den französischen Pyrenäen, nahe der Grenze zu Spanien. Auch diese Reise unternahm ich gemeinsam mit einer Pilgergruppe – begleitet von klugen, freundlichen Menschen, deren Frömmigkeit mich oft beeindruckte.

In Lourdes war es das junge Mädchen Bernadette Soubirous, dem die Jungfrau Maria im Jahr 1858 mehrfach erschien – ebenfalls über einen längeren Zeitraum. Doch im Unterschied zu Fatima war es hier kein Sonnenwunder, sondern das Entspringen einer bis dahin verborgenen Heilquelle, das die sichtbare Gnade manifestierte. Dieses Wasser fließt bis heute, und viele Gläubige berichten von Heilungen – an Leib und Seele.

Ich besuchte Lourdes während einer großen internationalen Wallfahrt. Die Atmosphäre war überwältigend: Prozessionen, Gesänge, Gebete – alles unter freiem Himmel, begleitet von einer tiefen, einfachen Volksfrömmigkeit, die sich offen zeigte, ohne Scham, ohne intellektuelles Korsett. Lourdes ist – im besten Sinne – ein Fest. Ein Fest für Maria. Ein Fest für die Menschheit. Ein Ort, an dem die Trennung zwischen dem Diesseits und dem Jenseits aufgehoben scheint – zumindest für jene, die sich öffnen können.

Zwei Orte, zwei Gesichter – eine Botschaft

Im Vergleich wirkt Fatima stiller, kontemplativer, mehr nach innen gewandt. Lourdes dagegen lebendiger, bunter, fröhlicher – eine Frömmigkeit, die sich nach außen richtet.

Beide Orte aber sind durchdrungen von Transzendenz. In beiden spürt man: Hier war Gott. Hier ist Gott. Nicht als Idee – sondern als Wirklichkeit. Als Gegenwart.

Ich verbrachte Stunden und Tage in ihren Kirchen, an ihren Grotten, in ihren Kapellen. Ich verweilte, betrachtete, betete. Und ich wusste: Diese Orte wurden mir geschenkt. Ich durfte sie nicht nur besuchen – ich durfte Teil ihrer Gnade werden.

Und so war es fast selbstverständlich, dass der Weg mich weiterführte – nach Rom, ins Zentrum der katholischen Kirche. Dorthin, wo alles zusammenläuft. Wo die Fundamente liegen. Wo die Schlüssel Petri verwahrt werden.

Reflexion:

Was ist ein heiliger Ort? Ist es der Boden, den eine Erscheinung berührt hat? Die Luft, die noch vom Gebet der Jahrhunderte durchdrungen ist? Oder ist es vielmehr die innere Verfassung des Menschen, der an solchen Orten still wird, empfänglich, lauschend? Ich weiß es nicht mit Gewissheit. Aber ich weiß: Fatima und Lourdes sind keine religiösen Sehenswürdigkeiten – sie sind Berührungen des Himmels mit der Erde.

In Fatima begegnet man der Stille Gottes – jener Sprache, die keine Worte braucht. In Lourdes begegnet man der leidenden Menschheit – offen, ungeschützt, aber voller Vertrauen. Beide Orte zeigen, auf ganz unterschiedliche Weise, was es heißt, sich der

Gnade zu öffnen: In der Sammlung, in der Hingabe, im kindlichen Vertrauen.

Beide Orte erinnern uns daran, dass der Himmel nicht weit ist. Dass Maria wirklich gegenwärtig ist. Dass sie ruft, leitet, heilt – in einer Zeit, die das Mütterliche fast vollständig verdrängt hat. Und dass sie es noch heute tut, wenn wir bereit sind, zu hören.

Resümee:

Fatima und Lourdes markieren in meinem Lebensweg keine touristischen Höhepunkte, sondern spirituelle Tiefenpunkte – im besten Sinne. In der Begegnung mit der Gottesmutter verdichtete sich etwas in mir: das Wissen, geführt zu sein. Die Ahnung, dass es nicht Zufall war, dass mein Weg mich hierher geführt hat. Und die innere Gewissheit, dass Maria mir half, jenen Kompass wiederzufinden, den ich einst verloren glaubte.

Beide Pilgerorte sind – auf je eigene Weise – Tore zum Himmel. Und sie führten mich einen Schritt weiter auf meiner Rückkehrreise: vom

Suchen zum Finden, vom Fragenden zum Empfangenden.

Kapitel 8 – Rom und Israel: Das Herz und die Wurzel des Christentums

Es kam der Moment, an dem mir klar wurde: Wenn ich wirklich verstehen will, was Christentum in seiner Tiefe bedeutet – nicht nur als Theorie, nicht nur als Tradition, sondern als gelebte Wirklichkeit – dann muss ich dorthin gehen, wo alles seinen Ursprung genommen hat. Rom und Israel – das Zentrum und der Ursprung, das Steuerhaus und der heilige Boden, auf dem die Geschichte Gottes mit den Menschen ihren Höhepunkt fand.

Rom – Das Herz der Kirche

Rom ist mehr als eine Stadt. Rom ist das pulsierende Herz der Kirche. Nicht allein wegen der prächtigen Bauten, nicht wegen des Vatikans als souveränem Staat, sondern weil hier, seit bald zwei Jahrtausenden, die sichtbare Ordnung der unsichtbaren Kirche Christi in der Welt ihren institutionellen Ausdruck gefunden hat.

Ich fuhr allein, ohne Gruppe, bewusst ohne Ablenkung, um mich ganz auf das einzulassen, was Rom mir zeigen würde. Ich wohnte im Zentrum, umgeben von Geschichte, Heiligenlegenden und steingewordener Transzendenz.

Natürlich sah ich den Petersdom – das monumentale Zentrum der katholischen Christenheit, wo unter dem Altar das Grab des Apostels Petrus liegt, jenes Mannes, den Christus selbst als „Fels" bezeichnete, auf dem er seine Kirche bauen wollte. Ich besuchte die Lateranbasilika – die eigentliche Bischofskirche Roms – und Santa Maria Maggiore, die größte Marienkirche Roms. Und ich betrat viele weitere heilige Stätten, deren Namen mir früher kaum bekannt waren, die aber eine Atmosphäre von Ewigkeit ausstrahlten.

In diesen Mauern fühlte ich eine andere Zeit. Eine andere Dichte. Eine andere Stille. Hier wurde Kirche gestiftet, getragen, verteidigt, oft auch verraten – aber nie aufgegeben. Und aus Rom heraus wurde Europa christianisiert: Von hier aus gingen Missionare in alle Himmelsrichtungen, in dunkle Wälder und kalte Küsten, brachten Licht, Sprache, Kultur und den Namen Jesu zu den Völkern, aus denen später unsere westliche Welt hervorging.

Rom war für mich nicht bloß ein Reiseziel. Es war eine Wiederbegegnung mit meinen Wurzeln – nicht kulturell, sondern geistlich. Hier spürte ich: Ich gehöre zu dieser Geschichte, ich bin ein Glied in dieser langen Kette der Zeugen und der Gläubigen.

Am tiefsten berührte mich aber ein unscheinbarer Ort, verborgen auf dem Monte Mario, einem kleinen Hügel außerhalb des Stadtkerns. Dort liegt ein kleines Kloster, abgeschieden, still. Und in seinem Inneren – so hatte ich gelesen – befindet sich die älteste Marienikone der Welt, der Überlieferung nach gemalt vom Apostel Lukas selbst.

Es war nicht leicht, sie zu sehen. Nur während der Frühmesse wird sie gezeigt, hinter einem Gitter, aus der Ferne, während die Nonnen singen. Und doch: Ich war dort. Ich sah das Bild. Und es war, als blicke mich Maria selbst an – gütig, wissend, durchdringend. Kein Bild mehr, sondern eine Gegenwart.

Als ich später vom Hügel hinabstieg und das Panorama Roms vor mir lag, der Petersdom im goldenen Licht des Morgens, wusste ich: Näher kann man dem Zentrum der Kirche nicht kommen – es sei denn, man reist dorthin, wo das Zentrum geboren wurde. Dorthin, wo Gott Mensch wurde.

Israel – Der heilige Boden der Menschwerdung

Zwei Jahre später war es soweit. Ich reiste nach Israel – nicht als Tourist, sondern als Pilger. Wieder in einer Gruppe, diesmal bewusst, denn ich wollte geführt werden durch die Stätten, die in den Evangelien erwähnt sind. Ich wollte sie sehen, berühren, begreifen.

Nazareth. Der See Genezareth. Kapharnaum. Der Berg Tabor. Der Jordan. Jericho. Bethlehem. Der Ölberg. Jerusalem.

Es war, als trete man aus dem Wort in die Wirklichkeit. Die Evangelien begannen zu leben, nicht mehr als Texte auf Papier, sondern als Raum und Zeit. Ich stand an Orten, an denen Jesus gegangen ist. Ich sah Landschaften, die er mit seinen Jüngern durchwanderte. Ich roch den Staub, hörte das Gebet an der Klagemauer, spürte das Heilige – nicht theoretisch, sondern leiblich.

Besonders tief bewegt hat mich die Bootsfahrt auf dem See Genezareth. Ich las dort, während wir über den See fuhren, unserer Reisegruppe die Bibelstelle, in der Jesus den Sturm stillt, laut vor – auf eben jenem Wasser, das unter uns glitt. Und es war, als spreche ich die Worte nicht über, sondern in die Geschichte hinein. Die Grenze zwischen damals und heute verschwamm. Es war, als sei er da. Jetzt. Mit uns.

Ein weiterer Moment des Staunens war die Höhle unter der Verkündigungsbasilika in Nazareth – jener Ort, an dem Maria ihr „Ja" zum Engel Gabriel gesprochen hat, als er sie fragte ob sie bereit sei Gottes Sohn zu empfangen. Ein einfaches „Ja", das die Welt verändert hat. Ohne dieses „Ja" keine Menschwerdung, kein Kreuz, keine Auferstehung. Diese unscheinbare Höhle war – für mich – der kosmische Wendepunkt der Geschichte.

Natürlich weiß ich, dass vieles an diesen Stätten nachgebaut, überformt, ergänzt wurde. 2000 Jahre hinterlassen Spuren. Doch das tut der Bedeutung keinen Abbruch. Im Gegenteil: Es zeigt, dass der Glaube lebt – nicht als Rekonstruktion, sondern als andauernde Präsenz.

Israel war für mich wie das Aufschlagen eines alten, heiligen Buches, dessen Seiten ich bisher nur aus zweiter Hand kannte. Nun las ich mit den Füßen, mit den Augen, mit dem Herzen. Es war, als wäre ich zu Gast im Haus meines Herrn.

Reflexion:

Was ist Wahrheit – und wo kann man ihr begegnen? Nicht als Gedanke, nicht als Lehre, nicht als Schrift, sondern als etwas, das gegenwärtig ist, das man sehen, riechen, berühren und bewohnen kann?

In Rom und Israel habe ich zwei Antworten auf diese Frage gefunden. Unterschiedlich im Ausdruck – aber eins in der Substanz. Rom verkörpert die institutionelle Erinnerung: das

Gedächtnis der Kirche, gegossen in Stein, getragen durch Jahrhunderte, erhaben in seiner Unerschütterlichkeit. Israel ist der Ursprung: Staub und Licht, Feuer und Wort, die erste Berührung Gottes mit der Welt, greifbar in der Landschaft, eingeschrieben in die Erde.

Und doch gehören sie untrennbar zusammen. Wer Rom nicht kennt, kennt die Kirche nicht. Wer Israel nicht gesehen hat, weiß nicht, woher sie kommt. Es ist wie bei Körper und Geist: Rom ist das Herz, das schlägt – Israel ist die Seele, die haucht.

Was mich in beiden Ländern berührte, war nicht nur das Heilige – es war das Menschliche. Die Menschwerdung Gottes ist kein theologisches Dogma geblieben. Sie ist Wirklichkeit geworden. Die Kirchenmauern von Rom und die Olivenhaine von Galiläa sprechen dieselbe Sprache: Gott ist herabgestiegen. Und er ist geblieben.

Resümee:

Rom und Israel markieren zwei Brennpunkte meines spirituellen Weges. In Rom wurde mir bewusst, dass ich Teil einer großen, weltumspannenden, geordneten Gemeinschaft bin – nicht trotz meiner Individualität, sondern gerade durch sie. In Israel erkannte ich, dass diese Gemeinschaft nicht aus Ideen besteht, sondern aus Begegnung: Gott ist mir – uns – leiblich entgegengekommen.

In Rom wurde das Christentum zu Geschichte. In Israel wurde es zu Gegenwart. Zwischen Basiliken und Klöstern, Booten und Steinen, Ikonen und Höhlen – da verdichtete sich für mich eine Wahrheit, die ich lange suchte: Nicht wir sind es, die zu Gott aufsteigen – es ist Gott, der sich zu uns neigt. In Raum und Zeit. In Brot und Wein. In Fleisch und Blut.

Rom und Israel waren keine Etappen auf einer äußeren Reise. Sie waren Wegmarken einer inneren Heimkehr. Und ich wusste: Dies war nicht das Ende der Reise. Aber es war ihr Ziel.

Kapitel 9: Zeichen, Führung und die Wiederentdeckung der geistigen Heimat

Es gibt Erfahrungen, die still, fast unscheinbar auftreten – und doch eine gewaltige innere Gewissheit hinterlassen: Ich werde geführt. Eine solche Erfahrung hatte ich auf meiner Reise nach Israel, und sie ist mir bis heute eines der deutlichsten Zeichen dafür, dass Gott und die Gottesmutter mich auf meinem Weg begleitet und gelenkt haben.

Ich war im Mai in Bethlehem. Wie so oft bei Pilgerfahrten ging ich abends noch durch die kleinen Läden in der Nähe der Unterkunft. In einem Devotionalien-Shop entdeckte ich eine Ikone der Heiligen Jungfrau mit dem Jesuskind. Es war eine von Dutzenden ähnlicher Art, aber gerade diese fiel mir besonders ins Auge. Ohne viel zu überlegen, nahm ich sie mit – als Andenken, aber auch, weil sie mich innerlich berührte. Am nächsten Tag besuchten wir in Jerusalem das Mariengrab am Fuß des Ölbergs – ein Ort, von dem ich vorher gar nicht wusste, dass er auf dem Programm stand. Die Grabeshöhle liegt tief unter der Erde, sie besteht aus mehreren

Räumen und wird über eine breite Treppe er-
schlossen. Als ich dort eintrat, inmitten der
vielen Kerzen, Lampen, Ikonen und Weih-
rauchschwaden, fiel mein Blick auf das
große, zentrale verehrte Bild im Raum hinter
dem leeren Mariengrab. Ich erstarrte innerlich – denn es war exakt das Bild, das ich am
Abend zuvor in Bethlehem in Form einer kleinen Ikone erworben hatte. Dass ich zufällig
genau dieses Bild gewählt hatte und am
nächsten Tag dem Original – dem Zentrum
der Marienverehrung an ihrem Grab – ge-
genüberstand, konnte kein Zufall sein. Es war
ein Wink, eine leise Berührung des Himmels.
Ein Zeichen.

Solche Momente lassen sich nicht logisch erklären, und sie brauchen es auch nicht. In der
Tiefe des Herzens weiß man einfach: Das ist
kein Zufall. Das ist Führung. Diese Erkenntnis
vertiefte meine Beziehung zur Heiligen Jungfrau Maria noch mehr. Sie war es, die mich
durch viele Lebensstationen hindurch begleitet hatte. Und es war nur folgerichtig, dass
ich begann, mein Gebetsleben ganz bewusst
auf sie auszurichten.

Der Rosenkranz wurde zu einem täglichen Begleiter. Ich begann, ihn jeden Abend zu beten – oft allein, manchmal mit anderen, gelegentlich auch im Rahmen von Live-Übertragungen über „Radio Maria" oder YouTube. Dort wird das Rosenkranzgebet gemeinsam gesprochen, oft im Wechsel zwischen Moderator und live zugeschalteten Gläubigen. Diese Form des gemeinschaftlichen Betens – wenn auch über digitale Medien – vermittelte mir ein tiefes Gefühl der Verbundenheit. Man war nicht mehr allein im stillen Gebet, sondern Teil einer betenden Gemeinschaft.

Der Rosenkranz ist für mich mehr als nur eine liturgische Form. Er ist eine geistige Übung, eine Kontemplation, ein Versenken in die zentralen Geheimnisse des Lebens Jesu und Marias – und ein intensiver Ausdruck von Hingabe und Vertrauen. Ich ergänzte ihn durch das tägliche Gebet des „Engel des Herrn" zur Mittagszeit und durch Morgengebete gleich nach dem Aufstehen. Diese drei Ankerpunkte – Morgen, Mittag, Abend – geben meinem Alltag Struktur und einen geistigen Rhythmus. Sie halten mich verbunden mit dem Himmel, egal, was der Tag auch bringen mag.

Interessanterweise erinnerte mich dieses regelmäßige Gebetsleben sehr an die spirituellen Routinen aus meiner Zeit in östlichen Traditionen. Dort lernte ich, dass spirituelle Praxis nicht punktuell sein darf, sondern täglich, regelmäßig, rhythmisch – damit sie sich in die Tiefe des Bewusstseins eingraben kann. Nur was verinnerlicht ist, hat Bestand. Nur was zur inneren Struktur geworden ist, trägt durch Krisen und Zweifel.

Und so begann mein katholisches Gebetsleben, das lange Zeit etwas Verstaubtes, Äußeres für mich gewesen war, lebendig zu werden. Es war kein äußerer Zwang, keine Pflicht – sondern ein inneres Bedürfnis. Denn ich wusste jetzt, dass ich gemeint bin. Dass mein Weg zurück zu Christus kein Zufall war, sondern eine gezielte Rückführung. Eine Heimkehr.

Nach den großen Pilgerreisen – nach Fatima, Lourdes, Rom und Israel – hatte ich das Gefühl, nun angekommen zu sein. Nicht äußerlich, nicht an einem Ort. Sondern innerlich, im Glauben. In meiner geistigen Heimat. Es gibt viele andere christliche Orte, die man noch besuchen könnte. Aber für mich waren diese vier Stationen – und insbesondere das Zeichen mit der Ikone – wie vier Tore, die mich zurückgeführt haben an den Ort, an dem ich als Kind begonnen hatte: in die Geborgenheit des katholischen Glaubens.

Und wenn man diesen wiedergefundenen Glauben noch weiter vertiefen will, wenn man dem katholischen Geist quasi auf den Grund gehen will, dann meldet man sich zu einem einwöchigen Seminar an, genannt „Ignatianische Exerzitien", das sind spirituelle Belehrungen und Übungen, die der heilige Ignatius von Loyola im 16. Jahrhundert entwickelt hat, und bis heute nicht das geringste von ihrer Kraft eingebüßt haben. Die traditionellen Priesterbruderschaften und andere traditionelle Gemeinden und Gemeinschaften der Katholischen Kirche bieten so etwas regelmäßig an. Mehrere Mal habe ich inzwischen an dieser ganz besonderen und intensiven Erfahrung teilgenommen, in deren

Verlauf das gesamte eigene Leben, Stück für Stück, im Lichte des Glaubens betrachtet und reflektiert wird. Ein tiefes Erlebnis, oft verbunden mit einer vollkommenen inneren Neuausrichtung.

Heute bin ich dankbar für jede Etappe auf meinem Weg. Und manchmal, wenn ich mein Gebetsleben pflege oder in der Kirche auf das Kreuz blicke, denke ich an meine Mutter zurück, wie sie mir als kleiner Junge mit dem Daumen ein Kreuz auf die Stirn zeichnete, bevor ich zur Schule ging. Es war ein einfacher, liebevoller Segen – und doch war in diesem kleinen Ritual vielleicht schon all das enthalten, was ich später mühsam, suchend, manchmal irrend und doch beharrlich wiederentdecken musste: die geistige Heimat, die Liebe Gottes, und den stillen Ruf zurück.

Reflexion:

Nicht immer kommt Gottes Stimme als Donner oder Flamme. Manchmal ist sie ein sanftes Flüstern, eine leise Berührung, ein inneres Erkennen, das uns unverkennbar zeigt: Du bist gesehen. Du wirst geführt. Der Augenblick in der Grabesgrotte Mariens in Jerusalem – angesichts jener Ikone, die ich tags zuvor in Bethlehem erworben hatte – war ein solcher Moment. Kein theologisches Argument, keine spirituelle Technik hätte diese Gewissheit herstellen können: Es war ein Zeichen.

Zeichen sind keine Beweise – und doch sind sie stärker als Beweise. Denn sie sprechen nicht den Verstand an, sondern das Herz. Sie binden uns nicht an ein Konzept, sondern an eine Beziehung. Und es war diese Beziehung, die mich immer tiefer in das Mysterium der Gottesmutter und in das Zentrum des christlichen Glaubens hineinzog. Was einst äußerlich war, wurde innerlich. Was mir fremd geworden war, wurde Heimat.

Die geistige Struktur, die sich durch das tägliche Gebet, den Rosenkranz, den „Engel des Herrn" und die Morgenandacht entwickelte, war kein Ritual im engeren Sinne – sie war Antwort. Antwort auf den Ruf, der mich gefunden hatte. Und zugleich Wiederanknüpfung an etwas, das schon in meiner Kindheit angelegt war: an das Kreuz auf der Stirn, an den stillen Segen einer Mutterhand. Was bleibt, ist die Erkenntnis: Die Heimkehr ist nicht nur möglich – sie ist gewollt. Und sie ist bereitet, wenn wir sie zulassen.

Resümee:

Dieses Kapitel schließt den inneren Bogen meiner Reise: von der Suche nach Wahrheit und Transzendenz außerhalb des Christentums – durch viele Traditionen, Lehrer und Praktiken – zurück zum Ursprung, zur Quelle meiner Kindheit. Die äußeren Stationen – Fatima, Lourdes, Rom, Israel – öffneten den Raum, aber es war dieses kleine Zeichen, dieses Erlebnis mit der Ikone, das mir endgültig bewusst machte: Ich bin geführt worden. Ich bin nicht allein.

Das Gebetsleben, das sich daraus entwickelte, ist kein Programm, sondern eine Beziehungspflege. Eine tägliche Erinnerung, dass ich gemeint bin – von Gott, von Maria, von der Kirche, die mich nun wieder aufgenommen hat. Aus der Ferne bin ich

heimgekehrt. Nicht mit dem Stolz des Su-
chers, sondern mit der Demut des Findenden.

Die geistige Heimat, nach der ich mich ein Le-
ben lang gesehnt hatte, lag nie in der Ferne.
Sie war immer da – verborgen unter Schich-
ten von Erfahrung, Zweifel und Wander-
schaft. Und nun, da ich angekommen bin,
weiß ich: Alles hatte seinen Sinn. Jede Sta-
tion, jede Abzweigung, jedes Zeichen. Es war
eine Führung – still, verborgen, aber sicher.
Und es war Liebe.

Exkurs: Die Einzigartigkeit Jesu Christi

Eine Reflexion über Krishna, Transzendenz und die Überwindung des Todes

In meinem Leben und auf meinem spirituellen Weg habe ich viele Wege geprüft, viele Traditionen geachtet und viele Wahrheiten gesucht. Ich habe mich u. a. intensiv mit dem Gaudiya-Vaishnavismus beschäftigt, sowohl theoretisch als auch praktisch, und empfinde bis heute große Achtung für Krishna, den im Hinduismus als höchste göttliche Person verehrten Gott. Die Tiefe, Schönheit und Reinheit dieser Tradition ist unbestreitbar. Krishna ist gemäß der Bhagavad-Gita und anderer Schriften der transzendente Ursprung aller Welten, personal, allwissend, gütig und gerecht – und er erscheint auf Erden, um die Ordnung (Dharma) wiederherzustellen und seine Bhaktas, die ihn liebenden Devotees, zu retten. Gemäß dem festen Glauben seiner Anhänger, begegnen wir in Krishna einer Inkarnation Gottes, einer personalen Manifestation des Ewigen.

Und doch hat mich mein Weg zuletzt mit einer tiefen inneren Gewissheit erfüllt: Die Erscheinung Jesu Christi stellt etwas Einmaliges, Unerhörtes, ja Weltveränderndes dar. Was Christus getan hat, ist qualitativ anders. Existentiell anders. Und damit ich Christus selbst einzigartig.

Während Krishna das kosmische Gesetz verkörpert und als göttlicher Lehrer in Erscheinung tritt, geht Christus über das Gesetz hinaus. Er kommt nicht nur, um zu lehren oder zu offenbaren – er kommt, um die Schöpfung selbst zu transformieren. Er hat sich freiwillig geopfert, den Tod angenommen und diesen Tod dann, durch seine eigene Auferstehung, überwunden. Das ist kein symbolischer Vorgang, kein poetisches Gleichnis. Es ist ein historisches und metaphysisches Ereignis. Mit seiner Auferstehung hat Jesus Christus die endgültige Trennung zwischen Diesseits und Jenseits aufgehoben. Er hat die Tür zur Unsterblichkeit, die zuvor nur als Potenzial bestand, für die Menschheit geöffnet.

Im Christentum ist dieser Vorgang keine abstrakte Vorstellung. Christus ist „der Erstling der Entschlafenen" (1 Kor 15,20) – der Erste, der nicht nur stirbt, sondern aufersteht, und durch diesen Akt die Ordnung des Seins selbst durchbricht. In ihm ist das ewige Leben nicht nur eine Verheißung, sondern eine vollzogene Tatsache. Seine Auferstehung ist der entscheidende, katalytische Moment. Nachdem durch seinen freiwilligen Tod die Sünde der Absonderung von Gott getilgt worden ist, erschließt uns seine Auferstehung die Möglichkeit der ewigen personalen Existenz – für alle, die ihm nachfolgen.

Das ist es, was ihn einzigartig macht. Er ist nicht bloß Lehrer oder Prophet oder Gott unter vielen. Er ist der, der das Fundament der Welt neu geschrieben hat. Er ist der, durch den das „Ich bin" des Menschen für alle Zeiten mit dem „Ich Bin" Gottes verbunden werden kann.

Im Gegensatz dazu steht die Lehre Krishnas, so tief und wahrhaftig sie ist, noch innerhalb des bestehenden kosmischen Rahmens. Die Seele ist im Hinduismus ewig, ja. Aber, außerhalb der Gaudiya-Vaishnava-Tradition, ist das Ziel ist oft das Einswerden mit dem

Göttlichen, ein Aufgehen im göttlichen Licht, eine Befreiung vom Zyklus der Wiedergeburten. Im Christentum jedoch wird die personale Individualität niemals aufgehoben, sondern bewahrt und erhöht. Der Mensch wird durch Christus verwandelt, nicht ausgelöscht. Das Individuum bleibt – ewig.

Man könnte sagen: Krishna erhält die Weltordnung. Christus aber verändert sie, radikal, für immer.

Dies ist meine persönliche Einschätzung. Es ist ausdrücklich keine Abwertung Krishnas, keine herablassende Geste. Im Gegenteil: Ich empfinde bis heute große Achtung vor der Gaudiya-Vaishnava-Tradition. Aber es ist notwendig, Unterschiede zu benennen, wenn man der Wahrheit näherkommen will. Die Einzigartigkeit Christi ist keine theologische Machtbehauptung. Sie ist die schlichte Konsequenz dessen, was er getan hat. Niemand sonst hat den Tod auf diese Weise überwunden und das Leben durch sich selbst neu begründet. Niemand sonst hat gesagt: „Ich bin die Auferstehung und das Leben" – und es dann bewiesen.

Deshalb glaube ich heute, dass in Christus die endgültige Brücke geschlagen wurde – zwischen der Welt und Gott, zwischen Zeit und Ewigkeit, zwischen dem gefallenen Menschen und der göttlichen Gnade. Er ist nicht nur ein Weg unter vielen. Er ist der Weg – weil er nicht nur zeigt, sondern selbst die Tür ist.

„Niemand kommt zum Vater außer durch mich" (Joh 14,6). Diese Aussage gewinnt vor diesem Hintergrund eine tiefe, nicht-exklusive, sondern existentielle Bedeutung. Wer in Christus ist, geht nicht unter. Er lebt. Jetzt und in Ewigkeit.

Und so endet meine Reise – nicht im Gegensatz zu früheren Stationen, sondern in deren Vollendung. Ich habe vieles gesucht, vieles geglaubt, vieles erfahren. Am Ende aber hat mich die Wahrheit eingeholt – in Gestalt eines Mannes, der starb und auferstand. Der mich rief. Und dem ich endlich geantwortet habe.

Epilog: Der Heimweg als Vollendung der Reise

Manchmal braucht es ein ganzes Leben, um dorthin zurückzufinden, wo man einst begonnen hat. Nicht, weil der Anfang falsch war – sondern weil der Weg notwendig war. Die Umwege, die Abwege, das Suchen, das Verlieren, das Hoffen, das Zweifeln – all das hat einen tieferen Sinn, wenn es in die Rückkehr mündet. Und genau das ist geschehen.

Was sich durch diesen dritten Teil meiner spirituellen Lebensreise zieht wie ein roter Faden, ist das stille, aber kraftvolle Wirken einer liebenden Führung. Nicht spektakulär, nicht aufdringlich – sondern sanft, geduldig, unermüdlich. Eine Führung, die mich – über Jahrzehnte hinweg – zu einer Einsicht gebracht hat, die zugleich erschütternd einfach und unfassbar tief ist: Ich bin gemeint. Ich bin geführt. Ich bin heimgekehrt.

Fatima und Lourdes waren nicht bloß heilige Orte – sie waren Spiegel meiner inneren Sehnsucht nach mütterlicher Geborgenheit und göttlicher Nähe. Rom war nicht einfach ein Reiseziel – es war das Herz der Kirche, in das ich hineintreten durfte, wie ein verlorener Sohn, der an den Ort seiner geistigen Zeugung zurückkehrt. Und Israel war nicht nur das Land der Bibel – es war der konkrete Boden, auf dem Gott selbst wandelte, sprach, heilte, starb und auferstand. Jeder dieser Orte war ein Tor. Und durch jedes dieser Tore trat ich ein Stück tiefer in mein eigenes Inneres, meine eigene Geschichte, meine eigene Berufung ein.

Doch der eigentliche Ort meiner Heimkehr war nicht geographisch. Er war geistig. Er war die Wiederentdeckung des Gebets. Der sakramentalen Wirklichkeit. Der lebendigen Gegenwart Christi in der Eucharistie. Der stillen Nähe Mariens im Rosenkranz. Der Verlässlichkeit der Kirche, dort, wo sie sich ihrer wahren Aufgabe erinnert: Brücke zu sein zwischen Himmel und Erde.

Es mag Leser geben, für die diese Worte fremd oder überholt klingen. Aber wer einmal wirklich geführt wurde, der erkennt: Transzendenz ist keine Idee. Gott ist kein

Prinzip. Der Himmel ist kein Symbol. Sie sind real. Und sie rufen.

Ich habe diesen Ruf gehört. Und ich habe geantwortet. Nicht perfekt. Nicht ohne Irrwege. Aber ehrlich. Und darum darf ich heute sagen: Ich bin zuhause.

Anhang: Reisedokumente des Geistes

Meine Bücher als Wegmarken einer spirituellen Rückkehr

Dieses Buch ist ein persönlicher Rückblick auf eine lange Reise – eine Reise durch viele religiöse, spirituelle und philosophische Systeme, die mich am Ende zurückgeführt hat zur katholischen Kirche meiner Kindheit. Aber dieser Weg war nicht nur ein innerer. Er war auch ein Weg der Schrift, des Nachdenkens, des Forschens und des Niederschreibens.

Im Laufe der letzten Jahre sind einige Bücher entstanden, die sich jeweils bestimmten Stationen oder Themen meiner geistigen Entwicklung widmen. Diese Bücher sind gewissermaßen Reisetagebücher, Wegmarken oder auch Versuchsanordnungen – in jedem von ihnen suchte ich Antworten auf zentrale Fragen der Existenz. Im Folgenden stelle ich eine Auswahl diese Werke in der Reihenfolge ihrer inneren Logik (nicht zwingend der Veröffentlichung) kurz vor:

1. Ich Bin! – Bewusstsein: Wille und Ewigkeit

Warum sucht der Mensch nach Sinn? Dieses Buch zeigt das „ICH BIN" als Geschenk eines personalen Gottes – absolut, zeitlos, erfahrbar.

Dieses Werk bildet den spirituellen Grundstein meiner späteren Rückkehr zum Glauben. Es war der Versuch, das Phänomen „Bewusstsein" jenseits materialistischer Weltbilder zu deuten – als Ausdruck einer göttlichen Quelle. Die drei Teile des Buches (Wille, Ewigkeit, Widerlegung des Materialismus) markieren den Anfang einer geistigen Wende hin zur Transzendenz.

2. Jenseits von Raum und Zeit – Bewusstsein, Transzendenz und die Grenzen des Materialismus

Ist Materie wirklich die Grundlage der Realität, oder liegt hinter allem eine tiefere Ordnung?

In diesem Werk verknüpfe ich Wissenschaft, Philosophie und Spiritualität. Es entstand aus der Erkenntnis, dass der Materialismus an die Grenzen seiner Erklärungskraft gelangt ist – insbesondere beim Thema Bewusstsein. Die These: Bewusstsein verweist auf eine personale, intelligente Quelle jenseits von Raum und Zeit – auf Gott.

3. Der Gottesbeweis – Warum ein bewusster Schöpfer die einzige Erklärung ist

In klaren, nachvollziehbaren Schritten wird gezeigt: Leben und Bewusstsein können nicht aus toter Materie hervorgehen.

Dieses Buch ist das Resultat meiner logisch-rationalen Auseinandersetzung mit der Frage nach Gott. Es argumentiert, dass nur ein bewusster Schöpfer die Existenz des Lebens, der Ordnung und des Geistes sinnvoll erklären kann. Hier wurde mein Weltbild erstmals theistisch geschlossen.

4. Gott ist Person! – Warum es wichtig ist, Gott als ein ewiges Individuum zu begreifen

Gott ist kein Prinzip – sondern ein Gegenüber.

Dieses Werk markiert einen entscheidenden Schritt: Die Rückkehr zum personalen Gottesbild. Gott wird nicht länger als abstrakte Instanz oder bloßes Prinzip verstanden, sondern als ewiges, bewusstes, handelndes Subjekt – und der Mensch als sein geliebtes Gegenüber. Die Beziehung zu Gott wird hier zum Zentrum meines Denkens.

5. Entscheidung für den Glauben – Die willentliche Rückkehr zu Gott als Rettung aus der Krise

Ein Weckruf zur Rückbesinnung inmitten von Orientierungslosigkeit.

Hier wird der Glaube nicht mehr nur als Denkmodell, sondern als Entscheidung und Lebenshaltung beschrieben. Das Buch entstand in einer Phase, in der ich begonnen hatte, das Gebetsleben aufzunehmen und mich wieder aktiv der katholischen Lehre zu nähern. Es ist ein Bekenntnis zur Notwendigkeit des Glaubens in einer orientierungslosen Welt.

6. Die Architektur des Glaubens – Weltbilder und ihre Auswirkungen

Materialismus, Spiritualismus, Theismus – und warum der Glaube an einen personalen Gott die beste Antwort ist.

In diesem Buch gehe ich den gesellschaftlichen und kulturellen Folgen unterschiedlicher Weltbilder auf den Grund. Besonders im Fokus: Der Zerfall der abendländischen Kultur infolge der Abkehr vom Theismus. Es ist eine Art „Landkarte" der geistigen Strömungen unserer Zeit – mit einem klaren Plädoyer für den katholischen Glauben.

7. Vom Licht zur Leere – Wie der Westen seine Wahrheit verlor

Rationalismus, Relativismus, Nihilismus – und der Weg zurück zur Transzendenz.

Dieses Buch ist eine umfassende Analyse der geistigen Entwicklung des Westens. Es zeigt, wie der Verlust an Transzendenz zu einer spirituellen und kulturellen Leere geführt hat – und wie eine Rückbesinnung auf die göttliche Ordnung die Grundlage für ein neues Sinnverständnis bieten kann. Die Auseinandersetzung mit Luther, der Aufklärung und der Moderne nimmt hier eine zentrale Rolle ein.

8. Bewusstsein, Individuum, Gott – Ein offener Dialog

Ein freier, spontaner Gedankenaustausch über das, was den Menschen im Innersten ausmacht.

Dieses Buch enthält einen Dialog, der viele meiner zentralen Überzeugungen noch einmal in freier, experimenteller Form aufgreift: Wer bin ich? Was ist Bewusstsein? Welche Rolle spielt Gott? Es ist das persönlichste und dialogischste meiner Bücher – eine Einladung zur Reflexion und Mitreise.

Diese acht Werke, und weitere, die hier nicht aufgeführt werden, sind Ausdruck einer langen Reise – einer Reise vom Suchenden zum Findenden, vom Fragment zum Ganzen. Sie sind Zeugnisse eines geistigen Weges zurück

zum Ursprung, zurück zur Wahrheit, zurück
zu Gott.